# Gottfried Heer

# Keine Angst vor Afrika

**Neumann- Neudamm**
Verlag für Jagd und Natur

# Impressum

Die im Buch genannten Methoden und Anleitungen sind vom Autor sorgfältig erarbeitet und recherchiert worden. Eine Gewähr für die Richtigkeit der Angaben kann jedoch nicht übernommen werden. Die Anwendung geschieht auf eigene Gefahr. Jegliche Haftung für Personen, Sach- und Vermögenschäden ist ausgeschlossen.


Bildnachweis:
Alle Fotos, wenn nicht anders vermerkt, Gottfried Heer
Schlangengrafiken: Birte Keil




© 2003 Neumann-Neudamm AG, Melsungen
Printed in Germany
Reproduktion und Titelgestaltung:
Safari und Jagd - G.Heer
DTP:
Safari und Jagd - Markus Sopora
Redaktionsass.: Katharina Heer
Druck und Verarbeitung:
Werbedruck GmbH Horst Schreckhase, Spangenberg
ISBN 3-7888-0817-9




© 2003. Alle Rechte, insbesondere das Recht der Vervielfältigung und der Verbreitung sowie der Übersetzung, vorbehalten. Kein Teil des Werkes darf in irgendeiner Form ohne schriftliche Genehmigung des Verfassers reproduziert oder unter Verwendung elektronischer Systeme gespeichert, verarbeitet, vervielfältigt oder verbreitet werden.

# Inhaltsverzeichnis

Vorwort 3
Bitte beachten Sie 5

## Schlangenbegegnungen

Unfälle mit Giftschlangen 11
Vorsicht bei toten Schlangen 12
Vorsicht beim Klettern 14
Verhaltensmaßregeln 15
Drohgebärden 17

## Giftschlangenarten

Puffotter 19
Gabunviper 24
Schwarze Mamba 29
Grüne Mamba (gewöhnliche Mamba) 34
Kap Kobra 37
Zebraschlange 40
Ägyptische Kobra 44
Schwarzweiße Kobra 49
Mozambique Speikobra 53
Ringhalskobra 57
Korallenschlange 60
Baumschlange 63
Überblick tag- und nachtaktive Schlangen 66

## Schlangenidentifizierung

Schlangenbiß-Was ist zu tun? 67
Identifizierung – Symptome 71
       Giftwirkungen 72
       Bißmarken 73
       Schlangenkopfformen 76
Bißmarken am Finger 77

**Erste Hilfe bei Schlangenbissen**

Es ist jemand gebissen worden 79

# Inhaltsverzeichnis

| | |
|---|---|
| Buttferfly | 84 |
| Druckverband anlegen | 85 |
| Antiserum | 86 |
| Stabile Seitenlage | 87 |
| Atemstillstand | 88 |
| Herzmassage | 89 |
| Künstliche Beatmung | 90 |
| Rasterschießgerät | 91 |

## Spinnen

| | |
|---|---|
| Vermeidung von Spinnenbissen | 99 |
| Spinnenbisse-Behandlung | 100 |
| Sack Spinne | 102 |
| Violin Spinne | 103 |
| Schwarze Witwe | 104 |
| Krabbenspinne | 105 |

## Skorpione

| | |
|---|---|
| Allgemeines über Skorpione | 106 |
| Pandinus Imperator | 107 |
| Hadogenes Bicolor | 108 |
| Parabuthus Transvaalicus | 109 |
| Wie schütze ich mich vor einem Skorpionstich | 110 |
| Was ist nach einem Stich zu tun | 111 |

## Insekten und Krankheiten

| | |
|---|---|
| Insektenstiche | 112 |
| Tropische Krankheiten | 117 |
| Probleme mit Hitze und Sonne | 118 |
| Wasser ist lebensnotwendig | 121 |
| Literarturverzeichnis | 124 |
| Anschriften | 125 |
| Danksagungen | 126 |

# Vorwort

**Afrika, herrliches wunderschönes Afrika.**
Ein Kontinent mit so unglaublich vielseitigen Landschaften und Menschen, mit einem gigantischen Wildreichtum und faszinierender Flora. Man muß dort gewesen sein! Und wer einmal dort war, ist mit dem „Virus africanensis" für den Rest des Lebens infiziert, er muß einfach wiederkommen, sonst verzehrt ihn die Sehnsucht nach Afrika.
Aber wie Rosen Dornen haben, lauern auch gewisse Gefahren in diesem Paradies. Zugegeben, es sieht schon etwas gefährlich aus, wenn man alle Risiken aufzählt, die uns in Afrika erwarten. Und wenn wir ehrlich sind, etwas Angst haben wir alle davor. Viele Menschen lassen sich deshalb von einem Besuch des Schwarzen Kontinents abhalten.
Das ist ganz sicher auch der Grund dafür, dass die in diesem Buch angesprochenen Themen oft von den Tourismusunternehmen verschwiegen werden - wohl aus Angst, Kunden zu verlieren. Zu Unrecht, wie ich meine. Aufklärung wäre besser!
Dieses Buch will keine Angst wecken, sondern aufklären und Hilfen für den Notfall anbieten.
Hilfsanleitung für den Laien, sozusagen. „Erkannte Gefahr ist gebannte Gefahr". Vergleichen wir die Situation mit dem Straßenverkehr: Es gibt gewisse Verhaltensregeln, an die Sie sich halten müssen, damit minimieren Sie Ihr Risikio. Auch im Busch von Afrika gibt es gewisse Verhaltensregeln, und wenn Sie sich an diese halten, kann Ihnen schon fast nichts mehr passieren. Vielleicht ist die Gefahr in Afrika kleiner, als auf unseren Straßen in Deutschland. Risiken entstehen meist durch Unkenntnis, Übermut

# 4 Vorwort

und Leichtsinn. Wenn Sie Ihren Führerschein machen, müssen Sie vorher einen „Erste-Hilfe" Kursus absolvieren, für den Fall, dass es einmal zu einem Unfall kommt.

Für diese „Erste-Hilfe" in Afrika, ist dieses Büchlein geschrieben worden, für den Fall der Fälle, wenn einmal etwas passiert. Im Straßenverkehr wie im Busch kommt es darauf an, schnelle und richtige Erstversorgung vorzunehmen. Es soll Ihnen weiterhin die Regeln für einen erlebnisreichen Aufenthalt in der herrlichen Natur Afrikas mit möglichst geringem Risiko vermitteln. Nebenbei erfahren Sie noch etwas über die faszinierende Welt der Schlangen, Spinnen und Skorpione. Wir beschränken uns auf die Vorstellung der gefährlichsten und giftigsten Schlangen des südlichen Afrika, denn der Laie hat weder das Interesse, noch die Möglichkeit sich alle Schlangen zu merken, die dort anzutreffen sind. Das gleiche gilt für Spinnen und Skorpione. Das Buch erhebt daher keineswegs den Anspruch, ein wissenschaftliches „Schlangenerkennungsbuch" zu sein!

Im letzten Teil des Buches haben wir die Reisegesundheitsvorsorge, also Krankheiten, angesprochen, denn Mücken und Malaria gehören ebenso zu Afrika, wie Schlangen und Skorpione. Bei etwas Vorsicht, brauchen sie auch davor keine Angst zu haben..

Genießen Sie Afrika und kommen Sie gesund wieder nach Hause.

**Gottfried Heer**
　Verfasser

# Bitte beachten Sie:

Vor Antritt Ihrer Reise fragen Sie Ihren Hausarzt oder besser noch ein Tropen- oder Reisemedizinisches Institut, welche gesundheitsvorsorgenden Maßnahmen erforderlich sind. Zeigen sich nach Ihrer Rückkehr Fieber und /oder sonstige ungeklärte Symptome, machen Sie unbedingt Ihren Arzt darauf aufmerksam, dass Sie in Afrika waren, auch wenn Sie schon einige Tage wieder zu Hause sind. Gerade bei Malaria und anderen tropischen Erkrankungen, spielt die Zeit zwischen Auftreten der ersten Symptome und Behandlung eine enorm wichtige Rolle. Wenn Sie in den Busch gehen, denken Sie daran, dass Sie wichtige „Erste Hilfe-Utensilien„ bei sich tragen. Sie helfen Ihnen nicht, wenn Sie im Hotelzimmer liegen. Verlassen Sie sich nicht darauf, dass Ihr Guide etwas bei sich hat (er sollte das sicherlich) „hilf Dir selbst, dann hilft Dir Gott". Lesen Sie dieses Buch **vorher**, denn im Notfall dürfen Sie keine Zeit vergeuden. Bei Schlangenbissen ist Zeit besonders wichtig. Wenn Sie sich etwas damit beschäftigen, betrachten Sie Schlangen vielleicht nicht mehr nur als „eklige gefährliche Kriechtiere", sondern als faszinierende Geschöpfe. Leider ist insbesondere für die Erste-Hilfe bei Schlangenbissen durch Laien, so gut wie keine brauchbare Literatur vorhanden. Das was existiert, ist oft nur für Ärzte, manchmal widersprüchlich und gelegentlich sogar völliger Blödsinn. Wir haben für dieses Buch nach besten Wissen und Gewissen recherchiert und das herausgesucht, was uns für den Laien am ehesten sinnvoll und praktikabel erschien. Jegliche Haftung für eventuell falsche Informationen müssen wir jedoch ausdrücklich ausschließen. In

## 6  Bitte beachten Sie:

jedem Fall sollten Sie sofort, falls erreichbar, ärztliche Hilfe in Anspruch nehmen oder wenn möglich, den Betroffenen schnellstens ins nächste Krankenhaus schaffen! Dabei beachten Sie bitte die für den entsprechenden Schlangentyp erforderlichen Erste Hilfe Maßnahmen.

Es ist für den Laien unmöglich alle Schlangen zu erkennen. Deshalb haben wir uns in diesem Buch darauf beschränkt, die giftigsten Arten zu beschreiben. Die Informationen über Erkennung, Erste-Hilfe-Maßnahmen etc. gelten prinzipiel bei allen Schlangentypen.

**Nicht jede Schlange ist giftig und nicht jede schwarze Schlange ist eine schwarze Mamba!**

# Giftschlangen im südlichen Afrika

Durch Unwissenheit der Bevölkerung um die Giftigkeit von Schlangen, werden diese Tiere, oft zu Unrecht, pauschal als giftig angesehen, gemieden oder getötet. Unter den Giftschlangen gibt es aber nur wenige Vertreter, die bei einer Herausforderung angreifen, statt zu fliehen (vereinzelt bei Kobras und Mambas beobachtet), oder sich gar primär anscheinend ohne äußeren Anlaß aggressiv verhalten.

**Im Durchschnitt enden 2,4% aller Schlangenbisse tödlich.**

Etwa ein Fünftel der ca. 3000 Schlangenarten weltweit, sind giftig.
Im südlichen Afrika sind es etwa 138 Arten, davon gelten 60 als harmlos, weitere 43 als giftig, jedoch mit selten fatalen Wirkungen und 35 als hochgiftig. Als häufigster Verursacher von Krankheit bzw. Tod werden Ottern und Giftnattern bestimmt.
In der Drohstellung richten sie oft Kopf, Nackenschild oder Schwanz auf. Das Gift wird in einer Drüse gebildet, gespeichert und im Fall des Bisses mittels unterschiedlich gebauter Giftzähne abgegeben. Giftschlangen werden nach dem anatomischen Bau, der Furchung und Lage der Zähne eingeteilt.
Von Art zu Art und auch innerartlich sind die abgegebenen Giftmengen sehr verschieden. Schlangen benötigen unterschiedlich lange Regenerationszeiten zur Auffüllung der Giftreserven. Injizierte Giftmengen sind zudem vom Alter der Schlange

# 8 Giftschlangen im südlichen Afrika

abhängig. Selbst bei einem Beutebiß, der mehr Gift freisetzt als ein Verteidigungsbiß, übersteigt die Giftmenge kaum 10% des Gesamtgehalts der Giftdrüse. Dementsprechend kann eine Schlange auch mehrmals zubeißen und Gift injizieren! In Abhängigkeit von der Art der Giftschlange variiert auch die Zahl der ungiftigen, sogenannten „trockenen Bisse". Manche Autoren behaupten, daß rund 50 % der Bisse ungiftige Trockenbisse sind. Das mag trösten, verlassen sollte man sich aber keinesfalls darauf.

Das Gift besteht zum überwiegenden Teil aus Proteinen (Eiweiß).

**Die Wirkung der Gifte hängt von folgenden Faktoren ab:**

Gesamtgiftmenge (Art und Alter der Schlange), Art der Toxine und Zusammensetzung, Zustand des Opfers (Vorerkrankungen), Ort, Art und Weise des Bisses, sowie der Therapie.

In Abhängigkeit von der Bißlokalisation am Körper, kann die Gefährlichkeit des Bisses stark variieren. So ist z.B. sowohl bei der Schwarzen-Mamba (Dendroaspis polylepis) als auch bei der Kobra (Naja naja) die durchschnittlich applizierte Giftmenge pro Biß ungefähr 10 mal größer, als die errechnete tödliche Dosis für einen 75 kg schweren Menschen. Daher müßte eigentlich jeder Biß beider Schlangen tödlich sein aber das ist gottlob **nicht der Fall.**

Mitentscheidend für die Schwere der Vergiftung ist das Verhältnis von applizierter Giftmenge zur Körpermasse und der Wirkung des Giftes, die

# Giftschlangen im südlichen Afrika

sich bei den einzelnen Arten unterscheidet. Das Gift der Puffotter wirkt gewebezerstörend (zytotoxisch), das der Mambas und Kobras greift die Nervenfasern an (neurotoxisch) und das der Boomslang beeinflußt den Blutgerinnungsvorgang (hämotoxisch). Die primär zu beobachtenden Vergiftungserscheinungen können sehr unterschiedlich sein und lassen daher selten auf die Diagnose „Schlangenbiß" schließen, wenn der Biß nicht direkt beobachtet wurde!

**Bei tödlich verlaufenden Schlangenbissen, ist die zu späte Erkennung und die damit verbundene zu späte richtige Behandlung, häufig die direkte Ursache für den Tod des Patienten.**

**Ein paar Faustregeln:**
Sumpf- und Flußlandschaften, in denen es viel Frösche gibt und Gebiete mit Kleinnagern (z.B.: Müllkippen) sind typische Schlangengebiete. Schlangen können sich kurzfristig mit einer maximalen Geschwindigkeit von bis zu 20 km/h fortbewegen. Die meisten Schlangen sind jedoch erheblich langsamer! Damit kann ein Mensch einer Schlange jederzeit weglaufen.

Bei der Vielzahl von Schlangen im südlichen Afrika kann der Laie sehr oft eine harmlose Schlange nicht von einer Giftschlange unterscheiden, geschweige denn die einzelnen Kobraarten untereinander. Im Zweifelsfall immer von einer gefährlichen Schlange ausgehen.

Der Kopf einer Kobra ist so dick wie der sich an-

## 10 Giftschlangen im südlichen Afrika

schließende Körper. Bei Vipern/Ottern ist der Kopf meist deutlich größer und hat eine dreieckige Form. Kobras können ihren Vorderleib zu etwa einem Drittel der Körperlänge aufrichten und je nach Art den Hals bis auf 12 cm Breite spreizen (Drohgebärde). Sehen Sie sich einer aufgerichteten Kobra gegenüber, machen Sie nur langsame Bewegungen und sorgen dafür, daß Ihre Augen geschützt sind, falls es sich um eine Speikobra handeln sollte.

# Unfälle mit Giftschlangen

Schlangenbegegnungen mit Normaltouristen sind sehr selten, dem entsprechend noch seltener sind Schlangenbisse. Jäger und Wanderer die sich zu Fuß im Busch bewegen, haben da schön öfter einmal die Möglichkeit eine Schlange zu sehen. Keinesfalls soll die Gefahr verniedlicht werden, die von Giftschlangen ausgeht. Übertriebene Besorgnis oder gar Hysterie ist bei entsprechenden Verhaltensweisen aber nicht angebracht. Bei etwas Aufmerksamkeit und Vorsicht, ist die Gefahr einer Schlangenattacke sehr gering. Von 2500 Bissen, die über einen langen Zeitraum vom *"South African Institute for Medical Research"*, registriert wurden, gingen ca. 75 % ins Bein und ca. 21 % in die Finger oder die Hand. Hauptsächlich betroffen sind Eingeborene, z. B. bei der Erntearbeit oder beim Holz sammeln. Sie sehen wie hoch die Wahrscheinlichkeit ist, von einer Schlange gebissen zu werden, **wenn sie allein Ihre Beine schützen**.

Vernünftige stabile, hohe Schuhe, oder auch Lederstiefel, Schuhe mit Gamaschen und lange reißfeste Hosen schützen gegen Dornen, Sonnenbrand und auch vor den meisten Schlangenbissen! Nach Meinung von Experten sollen nur 50 % der Bisse (der Giftschlangen) giftig sein, bei den anderen 50 % handelt es sich um sogenannte ungiftige Abwehrbisse. Trotzdem sollten Sie für den Fall der Fälle gerüstet sein, wenn Sie in den Busch ziehen. Kenntnis der wichtigsten Schlangenarten und der Erste-Hilfe Maßnahmen gehören einfach zur Sicherheitsvorsorge.

# 12 Vorsicht bei toten Schlangen

Manche Schlangen stellen sich tot, besonders wenn sie in arge Bedrängnis geraten. Der Körper ist verdreht und sieht schlaff aus. Kommen Sie ihr zu nahe, beißt sie blitzschnell zu. Fassen Sie daher nie eine Schlange direkt mit der Hand an. Nehmen Sie einen langen Stock, um zu prüfen, ob noch Leben in der Schlange ist.

Überhaupt **seien Sie vorsichtig bei vermeintlich toten Schlangen!** Selbst abgeschlagene Köpfe können noch Beißreflexe haben und bei einem Biß auch Gift injizieren!

# Vorsicht bei toten Schlangen

**Rinkhals-Kobra** stellt sich tot.

**Ägyptische Kobra** stellt sich tot.

Der Körper ist schlaff, die Kiefer verschoben. Bei Berührung beißt sie blitzschnell zu, ohne sich vorher aufzurichten!

# 14 Vorsicht beim Klettern

Schlangen sind sehr gut getarnt. Oft liegen sie stundenlang, bewegungslos auf einem Ast. Fasst man sie aus Versehen an, beißen sie natürlich zu.

**Bild oben:**
Boomslang lang ausgestreckt im Busch. Durch die angepaßte Färbung ist sie nicht von einem Ast zu unterscheiden.

**Bild links:**
Kopf einer Boomslang im Busch.

# Verhaltenmaßregeln 15

Wenn man nur etwas aufpasst und nachfolgende Regeln beherzigt, wird es kaum zu einem Schlangenunfall kommen.

-Über Bäume und Steine sollten Sie nur springen oder steigen, wenn Sie sehen können, wohin Sie Ihren Fuß setzen, das gilt auch , wenn Sie aus dem Auto steigen.
Vermeintliche „Äste" können „lebendig" werden.

**-Immer hohe geschlossene Schuhe, Stiefel oder Gamaschen, auch am Lagerfeuer tragen. Dazu trägt man eine lange kräftige Hose.**

-Schlafsack, Schuhe und Kleidungsstücke sollten nie auf dem Boden liegen. Schlangen, Skorpione und Spinnen könnten sich dahinein zurückgezogen haben. Im Camp schlagen sie Ihre Schuhe vorher aus, bevor sie hineinsteigen.

-Nachts nie barfuss gehen und immer mit Beleuchtung. Innerhalb des Hauses sollte das Bett nie an der Wand stehen, damit keine ungebetenen Gäste hineinkriechen können.

-Wenn Sie eine Schlange bemerken, so stören Sie sie nicht. Lassen Sie sie ganz einfach in Ruhe. Geraten Sie nicht in Panik, normalerweise zieht die Schlange die Flucht vor. Sie darf sich nur nicht in die Enge gedrängt fühlen, lassen Sie ihr einen Fluchtweg.

-Treffen sie unverhofft auf eine Schlange, bleiben sie zunächst ruhig stehen. Schlangen sehen schlecht und reagieren auf Bewegung. Ziehen sie sich ganz langsam zurück.

# 16 Verhaltenmaßregeln

- Sehen Sie eine vermeintlich tote Schlange, fassen Sie sie nicht an. Manche Schlangen stellen sich nur tot, können dann aber bei Berührung blitzschnell zubeißen.

- Vorsicht beim Klettern in Felsen, Bäume und Büschen. Klettern Sie nicht auf Bäume oder in Felsen, ohne sich von der Ungefährlichkeit zu überzeugen. Beim Klettern Lederhandschuhe tragen, sie schützen auf jeden Fall vor Skorpionstichen.

- Kinder sollten nur dort spielen, wo keine Verstecke für Schlangen etc. sein können.

- Wenn Sie im Zelt schlafen, packen Sie alles z.B. in einen Plastik-Müllbeutel. Der schützt auch vor Spinnen, Ameisen und Insekten!

- Achtung bei Felsen: Schlangen sonnen sich dort gerne.

- Achtung bei Bauten etwa von Termiten, Erdferkel oder Warzenschwein: Dorthin ziehen sich Schlangen gerne zurück.

- Achtung im Schilf: Gerade im dichten Schilf kann man oft auf Schlangen treffen.

Übrigens: Da wo eine Schlange mit ihrem Kopf hinkommt, kann sie auch hinkriechen!

# Drohgebärden

Drohgebärden sind oft Gesten die sagen sollen: Hau ab, du bis mir zu nah gekommen. Es empfiehlt sich, ganz langsam zurückzugehen. Vorsicht, ein Angriff kann blitzschnell erfolgen!

Ägyptische Kobra in Droh- und Angriffsstellung

Puffotter in Angriffsstellung

# Puffotter 19

*Bitis arietans arietans*

**Giftart:** **zytotoxisch**
**Beschr.:** Flacher dreieckiger Kopf
**Länge:** 60 bis 100 cm (manchmal länger)
**Umfang:** Bis Armdicke
**Farbe:** Vom blassen grau, über alle braunen Varianten bis hin zu schwarz, mit hellen Winkeln auf dem Rücken
**Gebiet:** Savanne, Buschland, überall im südl. Afrika

Bißabdruck:

## Symptome und Anzeichen nach einem Biss:

Das gebissene Glied schwillt stark an. Starke Schmerzen können auftreten. Die Lymphdrüsen an Leisten und Armbeugen werden empfindlich und schmerzhaft. Bei nicht rechtzeitiger Behandlung kommt es zu erheblichen Blutverlusten und Gewebezerstörungen! Fieber. **Gefahr eines Kreislaufzusammenbruchs!**

## Wichtigste Erste Hilfe-Maßnahmen:

Ringe, Armbänder, etc... abnehmen. Patient ruhigstellen, aber wegen der Gefahr von starken Gewebezerstörungen Immobilisationsmethode nur bedingt anwenden (nicht zu fest wickeln). **Keinesfalls abbinden! Rasterschießgerät kann eingesetzt werden.** Patient zu trinken geben. Kein Alkohol!!

**Weitere Behandlungsmaßnahmen ab Seite 67**

## 20 Puffotter

Die Puffotter gehört zu den gefürchtetsten und meistverbreitetsten Giftschlangen des südlichen Afrika.

Die tag- und dämmerungsaktive Schlange besiedelt alle Lebensräume von der Kap-Provinz bis zur südlichen Sahara, außer Wüsten und Regenwäldern.

Gewöhnlich beißt sie und läßt ihre Beute noch einmal frei. Die Erregung (insbesondere bei Paarungskämpfen) wird durch heftiges Fauchen angezeigt. Diese Lautäußerung, (die sich wie "pufffff anhört), hat der Schlange auch ihren Namen gegeben. Die Giftzähne liegen vorne im Oberkiefer und sind relativ lang. Damit sie mühelos im Maul der Schlange verschwinden können, klappen sie nach dem Schließen des Maules nach hinten. Wird das Maul aufgerissen, werden sie wieder nach vorne ausgeklappt. Die Schlange hat jederzeit Reservegiftzähne bereit, sollten die Zähne einmal abbrechen. Oft liegt die Schlange lang ausgestreckt auf Pfaden oder im niedrigen Gesträuch zum Sonnenbaden. Die Schlange ist eigentlich nicht aggressiv. Als relativ schweres und träges Tier bleibt sie auch bei Störungen meist unbewegt und verläßt sich auf ihre ausgezeichnete Tarnung. Hier liegt auch die Gefahr für Menschen. Kommt man ihr zu nahe, stößt sie blitzschnell zu und beißt, dabei werden grosse Giftmengen injiziert. Eine Puffotter die sich unterwegs belästigt fühlt, zieht sich sofort zusammen, legt den Oberkörper S-förmig auf den Unterkörper und

# Puffotter

züngelt aufgeregt. Nun sollte man keinesfalls im Abstand von unter 1m daran vorbeigehen. Es ist sehr wichtig, im Gelände hohe Schuhe und oder Gamaschen oder Stiefel zu tragen, damit ist man weitgehend vor dem Biss einer Puffotter sicher, da sie kaum höher als bis zu den Fußknöcheln beißen kann. Die durch den Biss entstandenen Wunden und Gewebezerstör-ungen heilen nur sehr langsam und sind schmerzhaft. Die Puff-otter hat noch einige Verwandte oder Unterarten, deren Gifte allerdings nicht ganz so stark sind, manche sind ungefährlich.

## 22 Puffotter

**Rechte Seite:**
Die Färbung der Puffotter kann sehr unterschiedlich sein. Sie ist aber immer sehr gut getarnt.
**Bild oben:**
Puffotter in Angriffstellung. Tritt man jedoch auf die Schlange oder kommt ihr zu nahe, beißt sie ohne Vorwarnung!
**Bild unten:**
Oft liegt die Schlange lang ausgestreckt zum Sonnenbaden auf Wegen. Sie bewegt sich anders als andere Schlangen, (die zur Fortbewegung „schlängeln") wie eine Raupe. Im Sand kann man die Spur der Puffotter daher sehr gut von der anderer Schlangen unterscheiden!

# Puffotter

## 24 Gabunviper

*Bitis gabonica*

**Giftart:** Zytotoxisch / Neurotoxisch
**Beschr.:** Breiter lederfarbener Kopf wie Pik-Symbol
**Länge:** 1,00 bis 1,50 (manchmal länger)
**Umfang:** bis Unterschenkeldicke
**Farbe:** schön gezeichneter Körper mit schwarz, grau, gelben und purpurnen Pastelltönen.
**Gebiet:** Uganda, Gabun, Mozambique, Angola, Sambia, Nord-Natal, Zimbabwe

**Giftig !!!**
Höchst gefährlich und tödlich für den Menschen

**Bißabdruck:**

### Symptome und Anzeichen nach einem Biss:

Schmerz u. Schwellung schon nach 5 Min., Blutdruckabfall b. zum Schock und Atemnot (n.15-30 Min.) möglich. Schwindel, Benommenheit, Sprachstörungen, Schwellung von Zunge und Augenlidern, , Schmerzen beim Schlucken und Atmen bis hin zur völligen Atemlähmung. Erbrechen, Schock, evtl. Herzstillstand.

### Wichtigste Erste Hilfe-Maßnahmen:

Patient ruhig stellen! Ringe, Armbänder, Uhr abnehmen. **Schnellstens ins Krankenhaus! Glied ruhig stellen. Schnelle Serumgabe** (Polyvalentes Serum in ausreichender Dosis bis zu 10 Ampullen) **durch Arzt! Druckverband anlegen** ( kann Gewebezerstörung verursachen, **Entscheidung treffen**: Evtl. besser das Glied verlieren, als das Leben). **Rasterapparat einsetzen.** Venenzugang (Butterfly) setzen. Patient beobachten **evtl. künstlich beatmen!** Auch bei keinen oder wenig Vergiftungserscheinungen 48 Std. beobachten!!

**Weitere Behandlungsmaßnahmen ab Seite 67**

# Gabunviper

Mit einer Länge von bis zu 1,50 m und mehr ist sie die längste afrikanische Otter. Noch größer wird die Unterart *Bitis gabonica rhinozeros*. Ihr breiter, lederfarbener Kopf und der schmale Hals erinnern an das Pik-Symbol auf Spielkarten. Der Kopf ist flach und dreieckig und kann bei ausgewachsenen Exemplaren die Größe einer Männerhand überschreiten. Er setzt sich deutlich vom Hals ab. Im Verhältnis zum wuchtigen Schädel erscheint das Auge klein. Die Pupille wird im hellen Licht zu einem senkrechten Spalt. Ihr stämmiger, schwerer Körper (kann bis zu 12kg schwer werden) ist den Rücken entlang deutlich mit lederfarbenen Rechtecken gezeichnet, seitlich durchsetzt von sanduhrähnlichen Mustern in schwarz, grau und gelben und purpurnen Pastelltönen. Die Gapunviper lebt in Wäldern ausschließlich am Boden. Farbe und Musterung der mit dem besten Tarnkleid aller afrikanischen Giftschlangen versehenen Viper lassen sie förmlich mit der Laubstreu auf dem Waldboden verschmelzen. Die meist nachtaktive Schlange ist träge und nicht angriffslustig. Nur wenn man direkt auf sie tritt, beißt sie mit großer Wucht zu. Ihre sehr langen Giftzähne, werden bei Schließung des Mauls nach innen geklappt und bei einem Angriff ausgeklappt. Sie hält in der Regel fest, so dass sie große Mengen Gift injiziert. Das Gift ist sehr stark und wegen der hohen Dosis und der großen Eindringtiefe, ist sofortige Hilfe, die einzige Chance einen Biß zu überleben. Das zytotoxisches Gift hat auch große Anteile von neurotoxischem Gift!

## 26 Gabunviper

Die Gabunviver ist vielleicht die Schönste, aber in jedem Falle die dickste und am besten getarnte afrikanische Giftschlange. Sie gehört allerdings auch zu den Giftigsten. Zum Glück ist sie friedlich und nicht angriffslustig.

# Gabunviper 27

## 28 Gabunviper

*Bitis gabonica rhinozeros,* eine Unterart der Gabunviper, besitzt zwischen den Nasenöffnungen zwei senkrecht stehende „Hörner". Sie ist die dickste afrikanische Giftschlange. Der Körper kann bei großen Tieren einen Durchmesser von 20 cm haben. Ihr Vorkommen beschränkt sich auf Westafrika. In West- und Ostafrika ist noch eine kleinere Unterart zu Hause, die Nashornviper (*Bitis nasicornis*).

Den größten Kopf und das größte Maul aller afrikanischen Giftschlangen hat *Bitis gabonica rhinozeros*

# Schwarze Mamba 29

*Dendroaspis polylepis*

| | |
|---|---|
| **Giftart:** | Neurotoxisch / Nervengift |
| **Beschr.:** | Kopf seitlich abgeflacht (sargförmig) |
| **Länge:** | 2,50 bis 3,50 m |
| **Umfang:** | bis handgelenkstärke |
| **Farbe:** | selten schwarz, am Rücken meist einfarbig olivbraun, graubraun oder bleigrau, gelegentlich mit dunkleren Flecken am Bauch in der jeweils selben Farbe heller getönt. |
| **Gebiet:** | Südafrika, Namibia, Botswana, Mozambique, Zimbabwe |

Höchst gefährlich und tödlich für den Menschen **Giftig !!!**

**Bißabdruck:**

## Symptome und Anzeichen nach einem Biss:

Brennde Schmerzen u. Rötung a. d. Bißstelle. Übelkeit, Schwindel, Erbrechen, Speichelfluß, Hypotonie bis Schock, Benommenheit, Sprachstörungen, Liderschlaffung, Lähmungen ( n. 15 Min. mögl.), Schwitzen, Gänsehaut, Schmerzen b. Schlucken u. Atmen bis hin zur völligen Atemlähmung!

## Wichtigste Erste Hilfe-Maßnahmen:

**Patient ruhig stellen! Schnellstens ins Krankenhaus! Schnelle Serumgabe** (Polyvalentes Serum in ausreichender Dosis bis zu 10 Ampullen) **durch Arzt!** Druckverband anlegen (Immobilisieren)! **Rasterapparat einsetzen.** Venenzugang (Butterfly) setzen. Patient beobachten **evtl. künstlich beatmen!** Auch bei keinen oder wenig Vergiftungserscheinungen 48 Std. beobachten!!

Weitere Behandlungsmaßnahmen ab Seite 67

# Schwarze Mamba

Nicht jede schwarze Schlange ist eine schwarze Mamba, denn sie ist meist nicht schwarz, sondern eher grau oder oliv. Der Körper der größten Giftschlange Afrikas ist sehr geschmeidig und entspricht bei den großen Exemplaren dem Umfang eines Handgelenks. Besonderes Merkmal ist der lange, *sargförmige* Kopf und das rauchig, schwarze Innere des Mauls, daher auch der Name **"Schwarze Mamba"**. Die hauptsächlich tagaktive Schlange lebt im buschigen Gelände oder tropischen Wald (nicht jedoch in der Namib-Wüste). Besonders häufig ist sie auch auf Plantagen mit viel Wasser (Frösche) zu finden. Oft sucht sie in alten Termitenbauten, hohlen Baumstümpfen und Felsen Unterschlupf und bleibt dort ortsansässig, so lange man sie ungestört lässt (was die Eingeborenen im Allgemeinen tun, falls sie ihre Anwesenheit bemerkt haben). Gelegentlich zieht es sie auch in Häuser. Von Natur aus scheu und zurückhaltend, flüchtet die Schlange bei den ersten Anzeichen einer Gefahr sofort. Bis zu 20 km/h schnell kann die Schlange kriechen und Bodenerschütterungen bis zu 40 m Entfernung wahrnehmen. Daher begegnet man ihr eher selten.

In die Enge getrieben, ist sie nervös und leicht reizbar und greift dann unverzüglich an. Zu unprovozierten Spontanangriffen kann es kommen, wenn man einer weiblichen Mamba begegnet, die ihre abgelegten Eier bewacht. Bei Erregung richtet sie sich auf, spreizt ihren Hals (nicht ganz so breit wie bei einer Kobra), sperrt das Maul auf und zischt dumpf. **Sie kann sich auch im**

# Schwarze Mamba

**aufgerichteten Zustand sehr schnell vorwärts bewegen.**

Wegen ihrer vorteilhaften Länge gelingt es der schwarzen Mamba in der Regel, mehrmals rasch und genau zuzustoßen. Die kleinen, gebogenen Giftzähne sitzen ganz vorn im Oberkiefer. Da sie sich sehr hoch aufrichten kann, je nach Länge bis auf etwa 1,60m, beißt sie beim Menschen häufig in den Oberkörper oder ins Gesicht. Die Schlüpflinge sind 45 bis 55 cm groß und so nervös und flink wie die Alttiere (das Gift ist bereits genauso stark wie bei den erwachsenen Tieren).

Die schwarze Mamba ist sicherlich die Giftigste unter den afrikanischen Giftschlangen und somit ranken sich zahllose Geschichten um sie. Leider sind viele davon schlicht und einfach unqualifiziert. Stellt man die Frage, "was ist, wenn ich von einer Mamba gebissen werde", so bekommt man sehr oft zur Antwort:"Dann hast Du gerade noch Zeit eine Zigarette zu rauchen oder dich von deinem Freund zu verabschieden".

Keineswegs soll die Gefahr verniedlicht werden. Aber mit diesen Sprüchen beweisen die Leute, dass Sie sich nicht mit dem Problem beschäftigt haben Resigniert man nämlich, hat der Gebissene von vornherein Verloren. Gerade bei Mambas und Kobras kommt nämlich dem Helfer eine sehr große Bedeutung zu: Künstliche Beatmung bei Atemlähmung anwenden!!!

## 32 Schwarze Mamba

# Schwarze Mamba 33

# 34 Grüne Mamba

*Dendroaspis angusticeps*

**Giftart:** Neurotoxisch / Nervengift
**Beschr.:** Abgeflachter Kopf
**Länge:** 1,80 bis 2,00 m
**Umfang:** bis handgelenkstärke
**Farbe:** Die Farben variieren von Smaragdgrün bis gelb gefleckt.
**Gebiet:** Ist in SA sehr begrenzt: Es gibt sie nur in Pondoland, Natal, Mocambique und Ost-Zimbabwe,

**Bißabdruck:**

## Symptome und Anzeichen nach einem Biss:

Kaum Schmerzen und leichte Rötung an der Bißstelle. Schwindel, Benommenheit, Sprachstörungen, Liderschlaffung. Übelkeit, Lähmungserscheinungen, Schmerzen beim Schlucken und Atmen bis hin zur völligen Atemlähmung.

## Wichtigste Erste Hilfe-Maßnahmen:

**Patient ruhig stellen! Schnellstens ins Krankenhaus! Schnelle Serumgabe** (Polyvalentes Serum in ausreichender Dosis bis zu 10 Ampullen) **durch Arzt! Druckverband anlegen** (Immobilisieren)! **Rasterapparat einsetzen.** Venenzugang (Butterfly) setzen. Patient beobachten **evtl. künstlich beatmen!** Auch bei keinen oder wenig Vergiftungserscheinungen 48 Std. beobachten!!

**Weitere Behandlungsmaßnahmen ab Seite 67**

# Grüne Mamba

Es gibt viele Unterarten der grünen Mamba, die in der Regel die üppige tropische Vegetation des küstennahen Bushveldes bewohnt. Sie lebt hauptsächlich auf immergrünen Bäumen und Büschen, die sie nur in Ausnahmefällen verlässt (immergrünes Dickicht und Galeriewälder in direkter Flussnähe). Die leuchtend grüne Baumschlange verschmilzt so vollkommen mit ihrer Umgebung, dass man sie selten einmal zu Gesicht bekommt. Wegen ihrer Farbähnlichkeit wird sie gelegentlich mit der Boomslang verwechselt.

In manchen afrikanischen Gebieten dringt sie gelegentlich in Häuser ein und verbirgt sich dort in den Strohdächern.

Sie ist genauso scheu und zurückhaltend wie ihre "schwarze" Verwandte, aber weniger nervös und reizbar.

Selbst bei Gefahr sperrt sie ihr Maul nie drohend auf oder züngelt als Abwehrverhalten, wie es von der Schwarzen Mamba her bekannt ist. Der Kopf ist seitlich leicht abgeflacht und wirkt kräftiger als bei anderen Schlangen. Gerade das ist ein entscheidendes Merkmal im Vergleich zur Boomslang mit ihrem eher zierlichen Kopf. Das Maulinnere der grünen Mamba ist hell fast weiß. Vor ihren Feinden flieht sie in das dichte Blattwerk der Bäume.

Das neurotoxische Gift ist weniger stark als das der Schwarzen Mamba, trotzdem sollte man ihren Biss ebenfalls sehr ernst nehmen, denn er kann für den Menschen gefährlich (tödlich) sein!!!!!

# 36 Grüne Mamba

# Kap Kobra 37

*Naja nivea*

**Giftart:** Neurotoxisch / Nervengift
**Beschr.:** Der flache Kopf setzt sich bei dieser Art deutlich vom Hals ab. Das Auge ist groß mit runder Pupille.
**Länge:** 1,30 - 2,60 m
**Umfang:** die Schlange ist eher schlank
**Farbe:** Es gibt mehrere Varianten. Sie kann einfarbig schwarz, gefleckt braun und gelb oder satt goldgelb sein. Immer hat die Schlange ein glänzendes fast kunststoffähnliches Aussehen.
**Gebiet:** Südafrika, Botswana; Namibia, Mozambique, Zimbabwe

Bißabdruck:

## Symptome und Anzeichen nach einem Biss:

Kaum Schmerzen an der Bißstelle. Schwindel, Erbrechen, Benommenheit, Sprachstörungen, Liderschlaffung. Symptome können schon 15 Min. n. d. Biß auftreten. Schluck- u. Sprachstörung, bis hin zur völligen Atemlähmung..

## Wichtigste Erste Hilfe-Maßnahmen:

**Patient ruhig stellen! Schnellstens ins Krankenhaus! Schnelle Serumgabe** (Polyvalentes Serum in ausreichender Dosis bis zu 10 Ampullen) **durch Arzt!** Druckverband anlegen (Immobilisieren)! **Rasterapparat einsetzen.** Venenzugang (Butterfly) setzen. Patient beobachten evtl. künstlich beatmen! Auch bei keinen oder wenig Vergiftungserscheinungen 48 Std. beobachten!!

## Weitere Behandlungsmaßnahmen ab Seite 67

## 38 Kap Kobra

Die Kap-Kobra ist am Tage und in der Dämmerung aktiv. Ihr Vorkommen beschränkt sich hauptsächlich auf das Kalahari- Gebiet von Südafrika, Botswana und Namibia. Diese Schlange bevorzugt trockenes, steiniges Gelände. Besonders häufig kommt sie an den Sandrändern ausgetrockneter Flüsse vor. Sie lebt fast ausnahmslos in Erdlöchern, die von Nagetieren gegraben wurden; dort ist ihr ständiger Unterschlupf. Obwohl sie vorwiegend am Boden lebt, klettert sie hin und wieder auch auf Bäume, um Jungvögel und Eier zu erbeuten. Die weitgehend nachtaktive Schlange dringt auch in Hühnerställe ein, wenn sich dazu die Gelegenheit bietet. Auf Farmgelände halten sie sich oft in großer Zahl aufgrund der zahlreichen Ratten und Mäuse auf.

Die muntere und wachsame Schlange zieht die Flucht vor, wann immer es möglich ist. Doch wird *Naja nivea* in Südafrika wegen ihres starken Giftes und oft ungestümen Temperaments sehr gefürchtet. Wenn sie sich bedroht fühlt, setzt sie sich in gleicher Weise zur Wehr wie andere Kobras. Sie richtet den Vorderkörper auf, spreizt den Nacken zu einem Schild und beißt sofort zu, wenn ihr der Gegner zu nahe kommt aber auch wenn sie sich vorher dem Störenfried nähern muß. Ihr Gift ist gelbstichig und von sirupartiger Beschaffenheit. In seiner Wirkung übertrifft es das der Schwarzen Mamba und das jeder anderen Kobra. Die unbeweglich im Oberkiefer stehenden Giftzähne sind kurz.

# Kap Kobra

Trotzdem wird das Gift nach einem Biss ungewöhnlich schnell von den Geweben absorbiert. Die neurotoxischen Symptome lassen nach einem Biss nicht lange auf sich warten, und das Opfer stirbt an Atemversagen.

Goldgelb gefärbt, in Angriffstellung. Eine gefährliche Schönheit.

Braune Version einer Kap Kobra

# 40 Zebraschlange - Speikobra

*Naja nigricollis nigricincta*

**Giftart:** Zytotoxisch / Neurotoxisch
**Beschr.:** Kurzer flacher Kopf mit abgerundeter Schnauze
**Länge:** 150 cm ( Naja nigricollis nigricincta) N.n. woodis ca. 180 cm)
**Umfang:** bis Handgelenkstärke
**Farbe:** die Farbe schwankt zwischen einfarbig graubraun bis rotbraun mit 52 bis 86 schwarzen Bändern, das hat ihr den Namen Zebraschlange eingebracht.
**Gebiet:** Südliches Afrika

**Bißabdruck:**

### Symptome und Anzeichen nach einem Biss:

Das gebissene Glied schwillt stark an. Starke Schmerzen können auftreten. Die Lymphdrüsen an Leisten und Armbeugen werden empfindlich und schmerzhaft. Bei nicht rechtzeitiger Behandlung kommt es zu erheblichen Blutverlusten und Gewebezerstörungen! **Gefahr eines Kreislaufzusammenbruchs und Atemlähmung!**

### Wichtigste Erste Hilfe-Maßnahmen:

Armbänder und Ringe entfernen. Glied ruhig stellen. Immobilisationsmethode (kann zu Gewebezerstörungen führen). Das Nervengift wirkt schnell, auch geringere Mengen können ausgesprochen umfangreiche Lähmungserscheinungen hervorrufen (u.a. der Atemmuskulatur). **Das Opfer muss sofort behandelt werden.** Evtl. Rastergerät einsetzen. Gift im Auge: Ausspülen!

### Weitere Behandlungsmaßnahmen ab Seite 67

# Zebraschlange

Die im Volksmund „Zebraschlange" genannte afrikanische Speikobra hat ihr Verbreitungsgebiet von Südwestangola bis über das nördliche Namibia. Unterarten davon ( Naja nigricollis woodis) leben im Süden von Namibia bis hin zur westlichen Kapprovinz.

Ihr natürlicher Lebensraum ist die Savanne und lichter Busch in trockenen, steinigen Gebieten in Höhenlagen von 0 bis 2500m. Den dichten feuchten Regenwald meidet sie. Nicht selten trifft man diese Giftnatter in Ortschaften oder in deren unmittelbarer Nähe an. Während des Tages hält sich die wohl häufigste afrikanische Kobra unter Felsen, in Erdlöchern oder mit besonderer Vorliebe unter einem verlassenen Termitenhügel auf. Bei kühlem Wetter verläßt sie gelegentlich ihre Schlupfwinkel um sich zu sonnen. Die behende Schlange steigt gelegentlich auch auf Bäume um Vögel zu jagen oder deren Eier zu fressen. Selten geht sie ins Wasser, in der Regel trifft man sie jedoch am Erdboden an.

Eigentlich hat die Zebraschlange keine aggressive, jedoch aber eine nervöse Wesensart. Bei Gefahr reckt sie den Oberkörper bis zu zwei Dritteln seiner Gesamtlänge empor und spreizt die Halsregion zu einem schmalen Schild aus. Dabei kann sie auch ein fauchendes Geräusch ausstoßen. Ihr Gift kann sie dem Angreifer auf eine Entfernung von bis zu 3m entgegensprühen, wobei sie mit großer Sicherheit nach Gesicht und Auge zielt. Das Gift verursacht im Auge brennende Schmerzen

# 42 Zebraschlange

und kann die Augenhaut zerstören, was u.U. zu Blindheit führen kann. Das Gift muß also so schnell wie möglich aus dem Auge gewaschen werden. Hierzu kann Wasser, Kaffee, Tee, Limonade oder im Notfall auch Urin verwendet werden. Auf keinen Fall die Augen reiben. Evtl. 1 Teil Antiserum mit 10 Teilen Wasser vermischen und die Augen ausspülen. Der Arzt kann ein entzündungshemmendes Augenwasser verwenden. Nach zwei bis drei Tagen gehen Schmerz und Entzündung normalerweise zurück.

Der Spei-Mechanismus ist nicht so perfekt wie der der Ringhalskobra. Um Augen und Gesicht des Feindes zielgerecht zu treffen, muß sie ihren Körper weit zurücklehnen, dafür kann sie ihr Gift aus dem kaum geöffnetem Maul auch dann verspritzen, wenn sie sich nicht aufgerichtet hat. Man kann also auch von einer scheinbar ruhig daliegenden Speikobra einen Giftstrahl ins Gesicht bekommen. Wie die Rinkhalskobra stellt sich die Zebraschlange gelegentlich tot, daher immer mit absoluter Vorsicht an eine vermutlich tote Schlange herangehen, besser gar nicht! In größter Bedrängnis beißt die „Zebraschlange" natürlich auch zu. Ihr starkes neurotoxisches Gift führt auch zu großen Gewebezerstörungen und Schwellungen, hat daneben noch haemotoxische Wirkungen. Auch wenn die Schlange vorher ihr Gift versprüht hat, hat ihr Biß noch ausreichende Giftmengen, um tödliche Wirkungen zu haben. Das zur Zeit gebräuchliche polyvalente Antiserum hilft

# Zebraschlange

wahrscheinlich nicht gegen die Bißfolgen. Zur Zeit wird noch an einem wirksamen Gegenserum geforscht.

Zebraschlange

Zebraschlange in Lauerstellung

# 44 Ägyptische Kobra

*Naja haje anullifera*

**Giftart:** Neurotoxisch/Nervengift
**Beschr.:** Wuchtiger, keilförmiger Kopf der sich kaum vom Hals absetzt.
**Länge:** bis zu 2,50 m
**Umfang:** bis armdicke
**Farbe:** gelblich braun, dunkelbraun, blauschwarz Die Unterseite ist gelb-dunkelbraun marmoriert oder dunkelbraun marmoriert
**Gebiet:** Über ganz Afrika verteilt.

**Giftig !!!** Höchst gefährlich und tödlich für den Menschen

**Bißabdruck:**

## Symptome und Anzeichen nach einem Biss:

Kaum Schmerzen an der Bißstelle. Schwindel, Erbrechen, Benommenheit, Sprachstörungen, Liderschlaffung. Symptome können schon 15 Min. n. d. Biß auftreten. Schluck- u. Sprachstörung, bis hin zur völligen Atemlähmung.

## Wichtigste Erste Hilfe-Maßnahmen:

**Patient ruhig stellen! Schnellstens ins Krankenhaus! Schnelle Serumgabe** (Polyvalentes Serum in ausreichender Dosis bis zu 10 Ampullen) **durch Arzt! Druckverband anlegen** (Immobilisieren)! **Rasterapparat einsetzen.** Venenzugang (Butterfly) setzen. Patient beobachten **evtl. künstlich beatmen!** Auch bei keinen oder wenig Vergiftungserscheinungen 48 Std. beobachten!!

**Weitere Behandlungsmaßnahmen ab Seite 67**

# Ägyptische Kobra

Die Ägyptische Kobra, auch Uräusschlange genannt, ist die furchterregenste aller afrikanischen Kobras. Die Schlange kann bis 2,50 m lang und armdick werden und sich wie alle Kobras bis zu 1/3 ihrer Körperlänge aufrichten. Begegnet man einem wirklich großen Exemplar, welches sich 70 cm hoch, mit einem 12 cm breiten Schild, aufrichtet, so ist das schon ein Anblick, den man mit sehr viel Respekt genießen sollte! Die Farben variieren von gelblich braun über dunkelbraun bis hin zu blauschwarz. Die Unterseite ist gelb, dunkelbraun marmoriert, oder dunkelbraun marmoriert. Die ägyptische Kobra wird auch Uräusschlange genannt. Sie lebt in Buschebenen und bewohnt alte Termitennester, hohle Baumstämme und Felsspalten. Gerne bewohnt sie auch Sumpfgebiete und flußnahe Wälder. Sie bleibt ortsansässig, solange sie nicht gestört wird. Zur Nahrung gehören Nager, Schlangen, Echsen, Vögel und Eier.

Die Schlange ist nicht besonders aggressiv und sucht grundsätzlich zunächst ihr Heil in der Flucht. Nur wenn sie sich in die Enge gedrängt fühlt, richtet sie sich auf und stößt zu. Ihr neurotoxisches Gift ist äußerst stark und daher für den Menschen tödlich, wenn nicht schnellstens Gegenmaßnahmen ergriffen werden.

# 46 Ägyptische Kobra

Ägyptische Kobra in Angriffstellung.

Ägyptische Kobra zusammgerollt.

# Ägyptische Kobra

Die Kobra stellt sich tot.

Beißt aber dann bei Berührung sofort zu.

# 48 Ägyptische Kobra

Ein majestätischer Anblick, eine aufgerichtete Ägyptische Kobra.

Wenn sie kann, ergreift sie bei Menschenbegegnungen immer die Flucht.

# Schwarzweiße Kobra 49

*Naja melanoleuca*

**Giftart:** Neurotoxisch / Nervengift
**Beschr.:** Der stumpfe Kopf ist vom schlanken Körper abgesetzt, der mit glatten, glänzenden Schuppen bedeckt ist.
**Länge:** 1,80-2,10 m gelegentlich bis zu 2,60
**Umfang:** handgelenkstärke
**Farbe:** Der Vorderkörper ist oben schmutzig gelbbraun und stark gefleckt und wird zum Schwanz hin immer dunkler, der häufig blaßschwarz gefärbt ist. Der gelbe oder rahmfarbene Bauch ist schwarz gefleckt.
**Gebiet:** Südafrika, Zululand, Mocambique und Ost-Simbabwe

**Giftig !!!** Höchst gefährlich und tödlich für den Menschen

**Bißabdruck:**

## Symptome und Anzeichen nach einem Biss:

Kaum Schmerzen an der Bißstelle. Schwindel, Erbrechen, Benommenheit, Sprachstörungen, Liderschlaffung. Symptome können schon 15 Min. n. d. Biß auftreten. Schluck- u. Sprachstörung, bis hin zur völligen Atemlähmung.

## WIchtigste Erste Hilfe-Maßnahmen:

**Patient ruhig stellen! Schnellstens ins Krankenhaus! Schnelle Serumgabe** (Polyvalentes Serum in ausreichender Dosis bis zu 10 Ampullen) **durch Arzt! Druckverband anlegen** (Immobilisieren)! **Rasterapparat einsetzen.** Venenzugang (Butterfly) setzen. Patient beobachten **evtl. künstlich beatmen!** Auch bei keinen oder wenig Vergiftungserscheinungen 48 Std. beobachten!!

**Weitere Behandlungsmaßnahmen ab Seite 78**

## 50 Schwarzweiße Kobra

Die Schwarzweiße Kobra ist normalerweise in den tropischen und subtropischen Regenwäldern Zululands, Mocambiques und Ost-Simbabwes zu Hause, hat sich aber auch in Tee- und Zuckerrohrplantagen ausgebreitet. Fast immer kommt sie in der Nähe von Gewässern vor, wo sie in Erdlöchern, hohlen Bäumen, im dichten Unterholz und unter Termitenhügeln lebt. Obwohl weitgehend am Boden lebend, vermag sie jedoch hervorragend zu klettern und wurde schon auf Bäumen von einer Höhen von zehn Metern und mehr angetroffen. In Städten verbirgt sie sich unter allerlei Schutt- und Abfallhaufen oder dringt in verlassene Gebäude ein. Wegen ihrer versteckten Lebensweise und ihrer Vorliebe, in allen möglichen Löchern und Höhlen im Erdboden einen Unterschlupf zu suchen, überdauert sie selbst in dicht besiedelten Gebieten, auch dort, wo die Vegetation schon längst dahingeschwunden ist. Ihre Verbreitung erstreckt sich vom Meeresspiegel bis zu Höhenlagen von 2800m. Die überaus schnelle und aktive Giftnatter, flieht stets vor dem Menschen. Wenn sie jedoch in die Enge getrieben wird und keine Möglichkeit mehr zur Flucht hat, hebt sie den Vorderkörper fast senkrecht empor und spreizt die lose Nackenhaut mit Hilfe der verlängerten Halsrippen zu einem langen, engen "Hut". Sie besitzt ein besonders starkes, neurotoxisch wirkendes Gift. Naja melanoleuca melanoleuca wird häufig mit der Schwarzen Mamba (Dendroaspis polylepis) oder mit schwarz gefärbten Exemplaren der Speikobra (Naja nigricollis) verwechselt.

# Schwarzweiße Kobra

## 52 Schwarzweiße Kobra

Die Schuppen der Schwarzweißen Kobra *Naja melanoleuca* (auch forest Cobra/Waldkobra) weisen ein schwaches Fleckenmuster auf. Der Körper wird nach hinten dunkler bis ganz schwarz.

# Mozambique - Speikobra 53

*Naja Mossambika*

**Giftart:** Neurotoxisch / Zytotoxisch
**Beschr.:** Die stämmig gebaute Schlange besitzt einen kurzen, eiförmigen Kopf, der sich kaum vom Hals absetzt. Das Auge ist groß und die Pupille rund.
**Länge:** 1,20-1,50 m
**Umfang:** bis Handgelenkstärke
**Farbe:** Am Rücken blassgrau bis olivbraun, am Bauch lachsrosa, mit einigen unregelmäßigen schwarzen Querbändern auf der Kehle.
**Gebiet:** südl. Tanganjika, Malawi, Süden Zambias, Bechuanaland, Zimbabwe, Mozambique, Transvaal, Swasiland, Natal

**Bißabdruck:**

## Symptome und Anzeichen nach einem Biss:

Das gebissene Glied schwillt stark an. Starke Schmerzen können auftreten. Die Lymphdrüsen an Leisten und Armbeugen werden empfindlich und schmerzhaft. Erhebliche Flüssigkeitsverluste und Gewebezerstörungen! **Fieber, Spontanblutungen, Gefahr eines Kreislaufzusammenbruchs und Atemlähmung!**

## Wichtigste Erste Hilfe-Maßnahmen:

**Schnellstens ins Krankenhaus! Schnelle Serumgabe durch Arzt.** Gebissenes Glied ruhig stellen. Druckverband nur bedingt anlegen, da zytotoxisches Gift vorhanden **(kann zu stärkeren Gewebezerstörungen führen)**. Patient beobachten **evtl. künstlich beatmen!** Rasterapparat kann eingesetzt werden. **Gift im Auge: Ausspülen!**

**Weitere Behandlungsmaßnahmen ab Seite 78**

## Mozambique Speikobra

Die Mozambique Speikobra kommt in ihren Verbreitungsgebieten sehr häufig vor. Sie bevorzugt felsige Flussufer und flieht bei Störungen nicht selten ins Wasser, wo sie mit nach unten gerichteten Kopf an der Oberfläche schwimmt. Anzutreffen ist sie ebenfalls den Randgebieten der Kalahari (aber nicht in ihr), in Savannengebieten, im Buschland und selbst in dichteren Wäldern, wo sie sich unter aufgegebenen Termitenhügeln, in hohlen Bäumen und unter Baumstämmen gerne versteckt. Selbst an Stadträndern und in Städten ist sie zu finden. Trotz ihrer terrestrischen Lebensweise kann sie gut klettern und wird gelegentlich auf allerlei Buschwerk und niedrigen Bäumen angetroffen. Obwohl sie überwiegend dämmerungs- und nachtaktiv ist, sonnt sie sich zuweilen am Tage. Zur Verteidigung richtet sie sich auf, breitet die Halsregion zu einem schmalen Hut aus und richtet ihren Kopf direkt in Richtung des Gesichtes des Angreifers und nicht auf die Beine, wie es bei nicht speienden Kobras der Fall ist. Sie spritzt dem Angreifer ihr Gift mit hoher Zielsicherheit auf 2 bis 3m meist direkt ins Auge. Das Gift muß sofort mit Wasser oder einer anderen, die Augen nicht schädigenden Flüssigkeit ausgeschwemmt werden, um Schwellungen, Entzündungen und Blindheit vorzubeugen. Der Vorgang des Giftspeiens erfolgt mit leicht geöffneten Kiefer und außerordentlich rasch. Natürlich kann die Schlange auch beißen. Das Gift, das vor allem Neurotoxine enthält, führt gleichzeitig zu massiven Gewebezerstörungen. Zahlreiche Bisse, die in der Vergangenheit der Puffotter zugeschrieben wurden, mögen in Wirklichkeit von der Mozambique-Speikobra verursacht worden sein.

# Mozambique Speikobra 55

## 56 Mozambique Speikobra

**Oben:** Mozambique Speikobra zusammengerollt
**Unten:** Speikobra spuckend

Fotos G.Heer
Grafik: Birte Keil

# Ringhalskobra - Speikobra

*Hemachatus haemachatus*

**Giftart:** Neurotoxisch/Nervengift
**Beschr.:** Breiter, flacher Kopf, kräftiger Rumpf. Der Oberkiefer läuft in eine deutlich zugespitzte Schnauze und ragt an der Schnauzenspitze sichtbar über den Unterkiefer hinaus. Großes Auge mit runder Pupille.
**Länge:** 1m gelegentlich bis über 1,5m
**Farbe:** Gewöhnlich grau, braun, oder schwärzlich mit helleren Flecken oder Querbändern. Am Bauch dunkelbraun, dunkelgrau oder schwarz gefärbt. Am Hals ein/ zwei weiße Querbinden.
**Gebiet:** Tansania, Malawi, Zambia, Botswana, Zimbabwe, Mozambique, Südafrika

**Bißabdruck:**

## Symptome und Anzeichen nach einem Biss:

Das gebissene Glied schwillt stark an. Starke Schmerzen können auftreten. Die Lymphdrüsen an Leisten und Armbeugen werden empfindlich und schmerzhaft. Erhebliche Flüssigkeitsverluste und Gewebezerstörungen! **Fieber, Spontanblutungen, Gefahr eines Kreislaufzusammenbruchs und Atemlähmung!**

## Wichtigste Erste Hilfe-Maßnahmen:

**Schnellstens ins Krankenhaus! Schnelle Serumgabe durch Arzt.** Gebissenes Glied ruhig stellen. Druckverband nur bedingt anlegen, da zytotoxisches Gift vorhanden **(kann zu stärkeren Gewebezerstörungen führen).** Patient beobachten evtl. künstlich beatmen! Rasterapparat kann eingesetzt werden. **Gift im Auge: Ausspülen!**

Weitere Behandlungsmaßnahmen ab Seite 78

# Ringhalskobra - Speikobra

Die Schlange ist tag- und nachtaktiv. Sie hält sich gerne in der Nähe menschlicher Siedlungen auf, wenn dort Steingärten, Holzstapel, Komposthaufen u.ä. gute Schlupfwinkel bieten. Im offenen Gelände nutzt sie alte Termitenbauten, Kaninchenlöcher, Steinhaufen und Mauselöcher. Ihr Gesichtsinn ist nicht gut entwickelt, so dass sie fast nur sich bewegende Gegenstände wahrnimmt.

Erwachsene Exemplare sind nicht aggressiv (außer in der Paarungszeit). Fast immer versuchen sie zu fliehen und verteidigen sich durch Verspritzen von Gift nur dann, wenn sie in die Enge getrieben werden. Die Giftzähne der Rinkhals sind recht kurz, aber so zweckmäßig gebaut, dass das Gift einem Angreifer auf kurze Entfernung zielsicher in die Augen gespritzt werden kann, wo es brennende Schmerzen verursacht und zu üblen Entzündungen führt. Wenn man es nicht sofort mit Wasser oder einer anderen geeigneten Flüssigkeit auswäscht, zerstört es schnell die Gewebe der Augenhäute und führt zu teilweiser oder völliger Blindheit. Bisse durch sie sind eher selten. Zur Verteidigung kann die Rinkhalskobra ihr Gift fast zwei Meter weit spucken. In aufgerichteter Stellung entleert sie es durch die Giftzähne in zwei getrennten Strahlen. Einige Tropfen erreichen meistens das Auge des Gegners- mit schmerzhaften Folgen. Die Schlange beißt auch. Das sehr starke Gift ist neurotoxisch. Die Rinkhalskobra hat noch ein anderes Schutzverhalten: Plötzlich wird sie vollkommen schlapp, verdreht das vordere Drittel des Körpers, öffnet das Maul und stellt sich tot. Mit einem Auge beobachtet sie jedoch fast immer den Gegner, und

# Ringhalskobra - Speikobra

wenn man sie berührt oder anhebt, wird sie schlagartig lebendig und beißt kräftig zu, beim Menschen wohlmöglich in die Hand.

**Oben:** Ringhalskobra zusammengerollt
**Mitte:** Ringhalskobra stellt sich tot
**Unten.** Speiende Ringhalskobra

Fotos G. Heer
Grafik: Birte Keil

# 60 Korallenschlange

*Aspidelaps lubricus*

**Giftart:** Neurotoxisch/Nervengift
**Beschr.:** Eine kurze gedrungene Schlange mit großem Nasenschild und einem schwarzen Balkenkreuz zwischen den Augen. Der kurze Kopf setzt sich kaum vom Hals ab. Das Auge ist mäßig groß, die Pupille rund.
**Länge:** 60 bis 80 cm
**Farbe:** Von Orange bis Korallrot mit 20-47 schwarzen Bändern vom Nacken bis zum Schwanz, die Unterseite ist gelblich.
**Gebiet:** Südliches Afrika

**Giftig !** Kann für den Menschen gefährlich sein

**Bißabdruck:**

## Symptome und Anzeichen nach einem Biss:

Manchmal sind die Erscheinungen und Empfindungen nur gering ausgeprägt. Sehstörungen, Liderschlaffung, Atem- und Schluckbeschwerden. Bewußtseinsstörungen und Lähmungserscheinungen.

## Wichtigste Erste Hilfe-Maßnahmen:

**Patient ruhig stellen.** **Druckverband anlegen** (Immmobilisieren). Arzt aufsuchen. Patient beobachten evtl. künstlich beatmen! Rasterapparat kann eingesetzt werden. Das Gift und damit die auftretenden Komplikationen sind nicht so stark wie bei den Kobras.

**Weitere Behandlungsmaßnahmen ab Seite 78**

# Korallenschlange

Die Nominatform bewohnt den westlichen Teil der Kapprovinz und den südlichen Oranje-Freistaat. Die nachtaktive Wühlschlange bevorzugt sandige, trocken-sandige Gebiete. Sie führt in diesen Trockensteppen eine sehr versteckte Lebensweise und wird nur gelegentlich beim Pflügen an die Oberfläche gebracht.
Ihren Unterschlupf im Boden verlässt sie in der Nacht und nach heftigen Regenfällen. Zu dieser Zeit macht sie Jagd auf kleine Eidechsen, Schlangen und kleine Säugetiere. Die Schlange ist sehr reizbar! Wenn sie gestört wird oder sich bedroht fühlt richtet sie den Hals auf, zischt und stößt meist mit geschlossenem Maul zu. Obwohl sie wie andere Giftnattern ein Nervengift besitzt, sind bisher keine tödlich verlaufenden Bisse bekannt geworden. Ein Antiserum ist nicht bekannt. Die Südafrikanische Korallenschlange wird zuweilen von Unkundigen mit den gebänderten Korallenschlangen der Gattung Elapsoidea und der Katzennatter (Telescopus semiannulatus) verwechselt.

## 62 Korallenschlange

# Baumschlange 63

*Dispholibus Typus*

**Giftart:** hämotoxisch

**Beschr.:** Hauptmerkmal, sind die großen Augen, sie hat nämlich die größten Augen aller afrikanischen Schlangen. Der Kopf ist rundlich und setzt sich von dem mäßig schlanken Körper ab.

**Länge:** 1,20 bis 1,60 m

**Farbe:** Es gibt zahlreiche Farbvarianten wie gesprenkelt graue, braune, fast schwarze, gelbe bis grüne Tiere, abhängig von Alter, Geschlecht und Herkunftsort.

**Gebiet:** Südafrika, Swaziland, Zimbabwe, Botswana und Namibia (außer Namibwüste), in Angola, Zaire und Sambia gibt es eine Unterart.

**Bißabdruck:**

## Symptome und Anzeichen nach einem Biss:

Das Gift wirkt auf Menschen hämotoxisch, es führt zu starken Blutungen an Nase, Mund und anderen Körperöffnungen und der inneren Organe. **Das Gift wirkt jedoch relativ langsam.** Etwa nach drei bis fünf Tagen nach dem Biß kann der Tod eintreten, **wenn nicht behandelt wurde**!

## Wichtigste Erste Hilfe-Maßnahmen:

Patient ruhig stellen. **Immobilisiationsmethode anwenden** (Druckverband). Gegen das Gift gibt es ein spezifisches Serum, das nur im **South Africa Institute of Medical Research (SAIMR), Hospitalstraat, R.O.Box 1038, Johannesburg/Südafrika,** zu erhalten ist. Rasterapparat nicht einsetzen!

Weitere Behandlungsmaßnahmen ab Seite 67

## Baumschlange

Die keinesfalls immer grüne Baumschlange (es gibt zahlreiche Farbvarianten von gelb bis bläulich) kann zweifelsfrei an ihren großen Augen identifiziert werden, sie hat die größten Augen aller afrikanischen Schlangen. Wie der Name Boomslang (afrikaans) sagt, lebt die Schlange auf Bäumen im offenen Busch und Savanne mit spärlichem Baumbewuchs. Sie ernährt sich in erster Linie von Baumbewohnern wie Echsen und Vögeln. Bei der Verfolgung ihrer Beute begibt sich die Boomslang auch schon einmal auf den Boden. Sie schwimmt sogar wenn es sein muß über einen Bach. Bei Erregung bläht sie den Kehlbereich auf und stößt mit aufgesperrtem Maul vor, so dass die Giftzähne, die am hinteren Ende des Maules sitzen, den Gegner erreichen. Das Gift wirkt auf Menschen hämotoxisch, es führt zu starken Blutungen an Nase, Mund und anderen Körperöffnungen und der inneren Organe. Der Blutverlust kann zum Kreislaufschock und, wenn unbehandelt, zum Tod führen. Die Schlange ist normalerweise sehr scheu und zurückhaltend. Selbst wenn sie einmal aus einem Baum fällt, greift sie den Menschen selten an, daher sind Bisse äußerst selten und es muss schon eine lange Kette seltsamer Umstände zusammenkommen, nicht zuletzt wegen des kleinen Maules und der weit zurückliegenden Giftzähne. Es gibt ein spezielles Serum. Das Boomslang Antiserum wirkt nicht gegen das Gift der Vogelnatter (eine nahe verwandte Schlange). Tod nach Vogelnatterbissen ist allerdings äußerst selten. In der Regel genügt die symptomatische Behandlung.

# Baumschlange

# 66 Überblick Tag oder Nachtaktiv

| Name | Lateinischer Name | Farbe | Länge | tagaktiv | nachtaktiv | hochgiftig | giftig | ungiftig |
|---|---|---|---|---|---|---|---|---|
| Braune afrikanische Hausschlange | *Lamprophis fuliginosus* | Hellbraun- Rostrot | 0,4-1,2 m | | x | | | x |
| Kap- Wolfsnatter | *Lycophidion capense* | Schwarz | 0,3-0,4 m | | x | | | x |
| Kap- Feilennatter | *Mehelya capensis* | Schwarz, weiße Linie | 1,2-1,6 m | | x | | x | |
| Sandrenn-Natter | *Psammophis species* | Braun-gestreift | 0,3- 1,7 m | x | | | | x |
| Grüne Buschschlange | *Philothamnus species* | Grün | 0,50-1 m | x | | | | x |
| Südafrikanische Korallenschlange | *Aspidelaps lubricus* | Orange- Rot m. schw. Bändern | 0,6-0,8 m | | x | | x | |
| Natal-Schwarzschlange | *Macrelaps microlepidotus* | Schwarz | 0,7- 0,9 m | | x | | x | |
| Gefl. Afrikanische Korallenschlange | *Homoralaps lacteus* | Schwarzer Kopf, gelb od. orange | 0,3-0,4 m | | x | | x | |
| Uräusschlange | *Naja haje anulifera* | gelblich braun bis schwarz, | 1-2,5 m | | x | x | | |
| Boomslang | *Dispholidus typus typus* | Von braun bis gelb-grün | 1-1,5 m | | x | x | | |
| Grüne Mamba | *Dendroaspis angusticeps* | Gelb bis grüne | 1,5 -2,2 m | x | x | x | | |
| Gabunviper | *Bitis gabonica gabonica* | Schwarz, grau ,gelb, purpur. | 1 bis 1,5m | x | x | x | | |
| Kap Kobra | *Naja nivea* | schwarz, braun bis goldgelb | 1,3-1,8 m | | x | x | | |
| Mozambique-Speikobra | *Naja mossambica* | blassgrau bis olivbraun | 1,2-1,5 m | | x | x | | |
| Rinkhalskobra | *Hemachatus haemachatus* | Trübschwarz-braun | Ca. 1 m | x | x | x | | |
| Schwarz-weiß-Kobra | *Naja melanoleuca* | schwarz, braun | 1,8-2,6 m | x | x | x | | |
| Puffotter | *Bitis arietans* | grau bis braun u.schwarz | 0,6-1,0 m | x | x | x | | |

# Schlangenbiss

Wie umfangreich Erste-Hilfe Maßnahmen nach einem Schlangenbiß sein müßen, hängt von der Giftigkeit der Schlange und dem Weg bis zum nächsten qualifizierten Krankenhaus ab. Ist der Patient von einer Korallenschlange gebissen worden und das nächste Krankenhaus ist in einer Stunde zu erreichen, legen Sic nur einen leichten Druckverband an, beruhigen den Patienten und transportieren ihn liegend. Liegt dagegen ein Kobrabiß oder Mambabiß vor und das nächste Kran-

## Schlangenbiss

kenhaus ist drei Stunden weit entfernt, sieht die Situation anders aus. Hier ist der Druckverband unerlässlich. Von vielen Ärzten wird vom Abbinden abgeraten und zwar aus mehreren Gründen:

1. Es können starke Gewebezerstörungen auftreten, die später zur Amputation eines Gliedes führen können. Das trifft insbesondere bei der Gabunviper und den Speikobras zu.

2. Nach öffnen der Staubinde kommt das Gift sehr schnell in den Kreislauf.

3. Die Staubinde kann maximal eine Stunde angelegt bleiben und muß zwischendurch gelockert werden.

Andererseits kommt es bei Bissen der Gabunviper, der Mambas, der Ägyptischender Schwarz-Weißen- und der Kapkobra auf jede Minute an, wenn der Biß Gift injiziert hat. Der Verfasser würde in einer solchen Situation nicht zögern abzubinden (wenn das Krankenhaus in einer Stunde erreicht wird) oder einen sehr festen Druckverband anzulegen, wenn es länger dauert. Letztlich hilft es nicht, wenn man zwar die Nekrose verhindert, aber sein Leben verloren hat. Es kann durchaus sein, daß bei dem Biß nicht viel Gift injiziert wurde und daß durch die überzogene Erste Hilfe-Maßnahme (abbinden) mehr Schäden angerichtet wurden, als es der Biß selbst getan hätte. Auf der anderen Seite kann es zu spät für lebensrettende Maßnahmen sein, wenn man erst auf das Erscheinen ernster Symptome wartet. Jeder muß selbst die Entscheidung für sich treffen. Und um die richtige Entscheidung zu treffen, sollte man wenigstens die hochgiftigen Schlangen kennen, bei deren Biß es auf schnellste Hilfe ankommt.

# Schlangenbiss

# Schlangenbiss!
# Was ist zu tun?

## Ruhe bewahren!

Denken Sie daran, nicht jede Schlange ist giftig und nicht jeder Biss einer Giftschlange setzt Gift frei.

Bei richtigem Verhalten und schneller Hilfe muß Niemand mehr sterben.

Kommt es unmittelbar nach einem Schlangenbiss zu Erregungs- und Angstzuständen, sind sie in der Regel nicht auf die Giftwirkung zurückzuführen.

Trotzdem, vertrödeln Sie keine Zeit. Handelt es sich um einen ernsthaften Biß, ist jede Minute kostbar. Lieber einmal zu vorsichtig gewesen zu sein, als einmal zu wenig.

## 70 Schlangenbiss

Wenn Sie zu mehreren Personen sind, versuchen Sie nachstehende Maßnahmen in Arbeitsteilung zu machen, damit keine Zeit verloren geht.

**Es ist gut, wenn eine erfahrene Person das Kommando übernimmt.**
Gehen Sie dabei so vor, dass der Patient nicht zusätzlich aufgeregt wird. Gerade er muß nun beruhigt werden.

**Versuchen Sie die Schlange zu identifizieren.**
Wenn Sie können, töten Sie die Schlange und nehmen Sie diese zum Arzt oder Krankenhaus mit. Stellen Sie mit einem sauberen Papiertaschentuch (oder ähnlichem) Giftrückstände an der Bißstelle sicher. Der behandelnde Arzt kann sofort die nötige Menge und die richtige Art des Antiserums geben. So werden wertvolle Minuten gespart.

**Vorsicht:**
**Riskieren Sie keinen zweiten Biss!!**
Denken Sie daran, dass auch tote Schlangen (auch nur der Kopf) möglicherweise noch Beißreflexe haben. Manchmal stellt sich die Schlange auch nur tot.

**Wenn Sie die Schlange nicht haben:**
Merken Sie sich Länge, Farbe, Durchmesser und Verhalten, wenn es geht auch die Kopfform.

Rekonstruieren Sie den Angriff, gab es Drohgebärden oder Geräusche?

Auch anhand des Bißabdruckes läßt sich ungefähr feststellen, ob die Schlange giftig war.

# Identifizierung - *Symptome* 71

| Symptome | Schlangenart |
|---|---|
| Keine Bißmarke oder leichte Eindrücke ohne zwei tiefe Eindrücke | Vermutlich nicht giftig |
| Bißmarke mit zwei blutigen Eindrücken. Schmerzen und Schwellungen an der Bißstelle, evtl. Bluterguss | Vermutlich Puffotter, Gabunviper oder andere Viper/Otter |
| Bißmarke mit zwei blutigen Eindrücken. Keine oder geringe Schmerzen. Atem und Schluckprobleme. Lähmungserscheinungen (Augenlider) | Kobra, Mamba |

## Giftwirkungen - *Symptome*

**Ottern** (zytotoxisch / gewebetoxisch).
Die Gifte aller Ottern (außer Bergpuffotter) greifen die Zellen der Gewebe und Organe an. Anfangs treten örtlich begrenzt Schmerzen auf, die sich am gebissenen Glied hinauf fortpflanzen. Die Lymphdrüsen an Leisten bzw. Armbeuge werden empfindlich und schmerzhaft. Später erreicht die Schwellung ihren Höhepunkt und Lymph- und Blutverlust müssen durch intravenöse Injektion ausgeglichen werden. Später kann an der Bißstelle, besonders an den Fingern, Nekrose (Gewebezerstörung) eintreten, die das Bein hinauf oder gar bis zum Körperstamm wandern kann.

**Speikobras** (zytotoxisch / neurotoxisch)
Giftwirkungen wie bei Ottern und Kobras. Zusätzlich bei gesprühtemn Gift im Auge: Brennen, Fremdkörpergefühl im Auge bis hin zur Erblindung.

**Mambas und Kobras,** (neurotoxisch/Nervengift)
Meist ist nur geringer Schmerz und eine leichte Rötung an der Bißstelle zu spüren. Innerhalb von Minuten bis mehrere Stunden nach dem Biß können Schwindel, Benommenheit, Liderschlaffung, Sprachstörungen, Schwitzen, Gänsehaut, Übelkeit, Erbrechen, Speichelfluß, Schwierigkeiten beim Schlucken und Schmerzen beim Atmen auftreten. Das Atmen wird zusehends mühsam, bis es ganz aufhört und bei fehlender künstlicher Beatmung führt der Sauerstoffmangel an Herz und Gehirn zum Tod.

**Boomslang/ Südl. Vogelnatter (hämotoxisch)**
Ihr Gift beeinflußt die Blutgerinnung. An der Bißstelle wird nur wenig oder gar nichts empfunden. Etwa 12 bis 24 Stunden später klagt das Opfer über Kopfschmerzen und beginnt vielleicht beim geringsten Kratzer zu bluten. Auch starke innere Blutungen können auftreten.

# Bißmarken

Leider lassen sich Bißmarken nicht immer einwandfrei identifizieren. Manche Schlangen stoßen fest zu und hinterlassen dann zwei gut sichtbare Löcher und einen roten Fleck. Andere Schlangen beißen und halten fest, auch diese Einstiche sieht man anschließend natürlich sehr gut. Oft geht der Biß durch die Kleidung, dann sieht man nur einen Einstich oder nur schwach sichtbare Einstiche. Meistens kann man im ersten Moment den Biß einer zumindest kleineren Giftschlange nicht von einem Insektenstich unterscheiden. Für den Fachmann ist die Identifizierung der Schlange anhand des Bißabdruckes nur sehr selten möglich, und nur dann, wenn die Abdrücke tief und markant sind. Der Laie hat keine Chance nur anhand der Bißmarken die Schlange zu identifizieren. Trotzdem helfen die Bißmarken **im Zusammenhang mit anderen Erkennungsmerkmalen** zur Bestimmung der Schlange.

**Zu merken sind:**
- **Länge der Schlange**
- **Umfang und Kopfform**
- **Farbe und Zeichnung**
- **Verhalten**
- **Unfallort und eben die Bißmarke**

Wenn man einem Fachmann hierüber genaue Auskunft geben kann, dazu schon Symptome feststellbar sind, wird er mit einiger Sicherheit die Schlange bestimmen. Und das kann lebenswichtig sein!

# 74 Identifizierung - *Bißmarken*

Zähne ohne Furche oder Kanal, keine Fangzähne. Ungiftige Schlange

Die hintersten Zähne im Oberkiefer sind längsgefurcht. Bedingt giftig. Ausnahme: Boomslang-hochgiftig!

Zwei Fangzähne im Oberkiefer mit Längsfurchen oder Innenkanal. Giftig! Bsp. Kobra und Mamba.

Zwei große ausklappbare Fangzähne mit Kanal, im Oberkiefer. Giftig! Bsp. Puffotter.

Bißwunde einer Puffotter in den Arm. Deutlich kann man oben den Abdruck der Giftzähne sehen.

# Schlangenkopfformen 75

## Puffotter

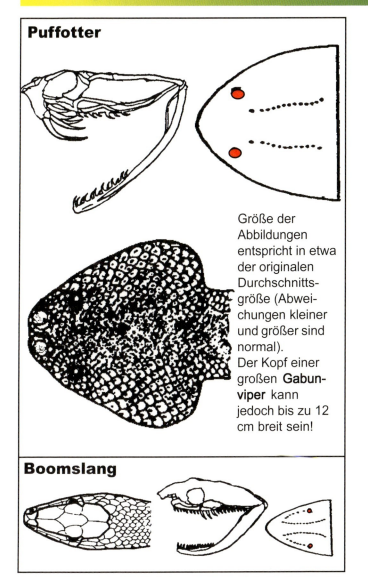

Größe der Abbildungen entspricht in etwa der originalen Durchschnittsgröße (Abweichungen kleiner und größer sind normal).
Der Kopf einer großen **Gabunviper** kann jedoch bis zu 12 cm breit sein!

## Boomslang

# 76 Schlangenkopfformen

## Schwarze Mamba

## Cap-Kobra

Die Größe der Abbildungen entspricht in etwa der originalen Durchschnittsgröße (Abweichungen kleiner und größer sind normal).

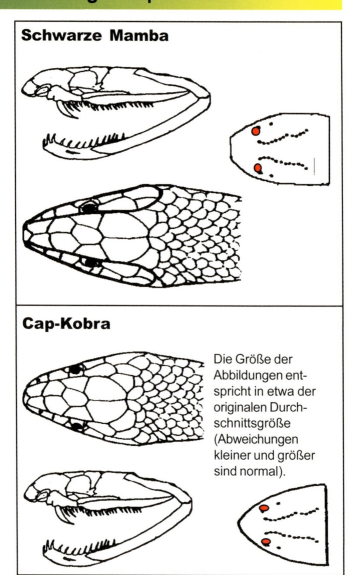

# Finger mit Bißmarken 77

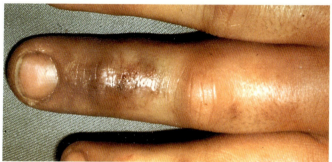
Zwei Einstiche, der Finger ist verfärbt und schwillt an.

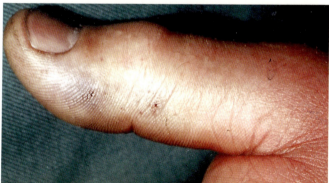
Hier sind zwei Einstiche zu sehen, die Bißstelle ist etwas verfärbt.

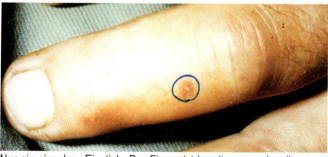
Nur ein einzelner Einstich. Der Finger ist bereits angeschwollen.

Fotos : A.Birchmeier

# 78 Es ist jemand gebissen worden

**So schnell wie möglich zum Arzt oder besser noch ins Krankenhaus!**
Nach einem Schlangenbiss ist es keinesfalls egal zu welchem Arzt man kommt. Es ist womöglich besser, einen kleinen Umweg in Kauf zu nehmen, wenn dort der Arzt mehr Erfahrung in der Behandlung von Schlangenbissen hat und vor allen Dingen sowohl die richtigen Sera und das nötige Euipment (Beatmungsgeät etc.) vorhanden ist.

In der Regel muß der Patient an den Tropf und auf die Intensivstation.

Wenn Serum verabreicht wird, müssen es ausreichende Mengen sein. Bei Mambas und Kobras etwa 100 ml = 10 Ampullen (auch für Kinder!).

Bei auftretendem Eiweißschock muß sofort Adrenalin gegeben werden. Erst wenn der Zustand des Patienten stabilisiert wurde, kann weiter Serum gegeben werden. Einige Ärzte spritzen im Voraus Antihistamine oder Cortison.

Der Druckverband wird erst entfernt, wenn genügend Antiserum im Kreislauf ist. Bei Puffotter- oder Speikobrabissen werden oft Blut- oder Plasmainfusionen erforderlich um den hohen Flüssigkeitsverlust auszugleichen. Außerdem bekommt der Patient Schmerzmittel und Antibiotika. Bei Kobra-, Gabunviper- und Mambabissen müssen unbedingt Beatmungsgeräte zur Verfügung stehen!

Wenn möglich benachrichtigen Sie das Krankenhaus schon von unterwegs, damit sich das Personal auf den Notfall einrichten kann.

# Es ist jemand gebissen worden

**Sofort-Maßnahmen in Kurzform:**
Beruhigung des Opfers
Ringe Ketten und Armbänder entfernen
Bißstelle desinfizieren, ggfls. Druckverband anlegen und schienen
Ggfls. Abbinden und schienen
Rastergerät einsetzen
Venenzugang sichern
 Patient liegend transportieren und gut beobachten. Auf Schluck- und Atemlähmung achten
Bei Bedarf künstlich beatmen!

Wenn Sie einwandfrei feststellen können und hundertprozentig sicher sind, dass der Biss nicht von einer Giftschlange stammt, sollte man die Bißstelle desinfizieren. Der Patient sollte unbedingt eine Tetanus-Schutzimpfung haben oder bekommen!

Das Aufschneiden der Wunde und aussaugen mit dem Mund wird von den meisten Fachleuten ebenso wie das vereisen oder kühlen der Bißstelle abgelehnt.

## 1. Beruhigung

Das Opfer muß als erstes beruhigt und hingelegt werden. Durch Unruhe und Angst wird der Kreislauf angeregt, was zur schnelleren Verteilung des Giftes beiträgt.

## 2. Ringe, Ketten und Armbänder entfernen

Durch anschwellen der Extremitäten kann es zu Stauungen kommen. Man bekommt dann den Ring oder das Armband nicht mehr ab. Die Stauungen können zu größeren

# Es ist jemand gebissen worden

Gewebezerstörungen beitragen.

**3. Wunde desinfizieren**
Vorher mit einem Tempo-Taschentuch (oder ähnlichem) Giftrückstände zur späteren Identifizierung sicherstellen. Rasterschießapparat (falls vorhanden) streng nach Gebrauchsanweisung einsetzen. Ebenso den Saugapparat.

**4. Druckverband (Kompressions- Immobilisationsmethode)**
Nach Meinung von Fachleuten ist der Druckverband und die Ruhigstellung des Betroffenen am sinnvollsten. Das Schlangengift verteilt sich über das Lymphsystem im Körper. Werden die Lymphwege zusammengedrückt (und das bewirkt der Druckverband), kann sich das Gift nicht im Körper verbreiten! Den Duckverband kann man mindestens 6 Stunden belassen. Bei Schlangen mit zytotoxischem Gift (gewebezerstörendem Gift) etwa bei der Puffotter, sollte man auf den Druckverband verzichten. Abbinden sollte man hier in keinem Fall, denn gerade bei Bissen mit zytotoxischer Wirkung kommt es zu womöglich unnötig großen Gewebezerstörungen, was zu Gliedverlusten führen kann.
Der Druckverband wird mit einer breiten Mullbinde angelegt. Man beginnt über der Bissstelle und umwickelt das Glied in Richtung Körper, bzw. in Richtung des Herzens.
Die Immobilisation (Ruhigstellung) erfolgt mittels Schiene (Stock, Latte oder ähnliches im Notfalle verwenden).
Der Verband wird so fest gewickelt, wie man es bei einem gestauchten Fuß machen würde! (Die Anwendung entspricht einem Druckverband bei Venenthrombose = Druck 55mmGg).

# Es ist jemand gebissen worden

Die Bandage darf erst in der Klinik entfernt oder gelockert werden, wenn Antiserum verfügbar ist und medizinisches Eingreifen gewährleistet ist (Schock-Therapie, Beatmungsgerät etc.). Durch die Lockerung des Druckverbandes ist die Möglichkeit der schnellen und plötzlichen Verbreitung des Giftes möglich.

Ein geschienter Arm wird in einer Schlinge getragen. Der Patient sollte nach Möglichkeit liegend transportiert werden, d.h. jegliche körperliche Anstrengung vermeiden.

**Biss ins Bein/Fuß/Knöchel:**
Von der Bißstelle bis zur Leistengegend fest verbinden. Mit einer zweiten Binde wird das Bein geschient. Evtl. Ast od. Latte verwenden!

**Biss in Hand oder Arm**: Immer sofort Ringe, Armbänder und Ketten abnehmen! Von der Bissstelle bis zur Armbeuge verbinden. Der Arm wird in gebeugter Stellung verbunden und von der Hand bis zum Ellebogen mit einer zweiten Binde geschient. Arm anschließend in einer Schlinge lagern.

**Biss in Kopf oder Leib**: Beim Verbinden muß soviel Druck ausgeübt werden, wie eben möglich. Grundsätzlich sollte man auch versuchen, mit einer Vakuumpumpe soviel wie möglich des Giftes zu entfernen!

**5. Abbinden** (venöse Stauung, Tournique).
Die Methode ist umstritten und kommt grundsätzlich **nur** in Betracht **bei Schlangen, mit sehr starkem Nervengift** (neurotoxisch) wie Mamba, Kap-Kobra, Ägyptische Kobra! Da aber diese Gifte oft auch gewebezerstörende Substanzen haben, riskiert man beim Abbinden das Glied zu verlieren. **Auf der anderen Seite kann diese Maß-**

# Es ist jemand gebissen worden

**nahme lebenserhaltend sein, besser ein Glied verlieren, als das Leben.** Das gilt insbesondere für die Gabunviper mit ihrem sehr starken neurotoxischen und zytotoxischem Gift und für die Mambas!
Die Abschnürung darf **nicht länger als ca. 1 Stunde** dauern, nach 15-30 Minuten sollte sie für einige Sekunden gelockert werden. Auch hier gilt, **wenn die Abbindung gelockert wird, sollte qualifizierte ärztliche Hilfe vorhanden sein.**

## 6. Rasterschießapparat (Venom Ex)
(Falls vorhanden) streng nach Gebrauchsanweisung einsetzen, ebenso den Saugapparat (Siehe Seite 91).

## 7. Venenzugang
Sehr hilfreich für die spätere Weiterbehandlung (mit Serum) ist die Sicherung eines Venenzugangs (Kanüle in Vene legen) und zwar auf der dem Biß entgegengesetzten Körperseite, durch eine fachlich gebildete Person. Insbesondere wenn der Patient erst einmal kolabiert ist, findet man keine Vene um die Kanüle für die Serumgabe zu setzen.

## 8. Krankenhaus
Das Opfer muß beruhigt werden und **unverzüglich ins nächste Krankenhaus** transportiert werden. Dabei darf es sich möglichst wenig bewegen (nach Möglichkeit legen und tragen). Muß das Opfer zu Fuß gehen, sollte es ruhig und langsam gehen.

## 9. Künstlich beatmen.
**Bei Bissen von Schlangen mit neurotoxischer Giftwirkung, insbesondere von Mamba, Kobra und Gabunviper muß mit künstlicher Beatmung gerechnet werden.** *Den Patient keine Minute aus den Augen lassen!* Da das Gift dieser Schlangen oft die Lähmung der Schlundmuskulatur bewirkt, kann das Opfer nicht

# Es ist jemand gebissen worden

mehr schlucken. Dabei entsteht die Gefahr, am eigenen Speichel zu ersticken. Man muß versuchen, (mit einem Taschentuch o.ä.) die Atemwege freizuhalten.

**Gift von Speikobras im Auge:**
**Auge sofort** mit neutraler Flüssigkeit (Wasser, kalter Tee, Milch, Bier, Limonade und notfalls Urin) **ausspülen. Auf keinen Fall die Augen reiben!** Ist dies nicht vorhanden, muß (sobald verfügbar) mit einem Teil Antiserum auf 10 Teile Wasser nachgespült werden.

So schnell wie möglich sollte bei allen gefährlichen Bissen ein Venenzugang sichergestellt werden.

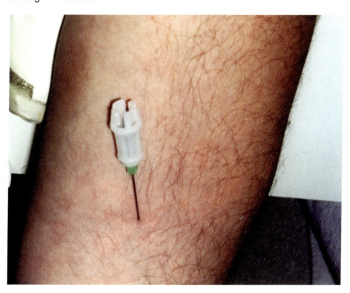

## 84 Butterfly

Ein solcher steril verpackter „Butterfly" sollte in keiner Reiseapotheke fehlen. Er ist nicht nur bei Schlangenbissen hilfreich. Auch wenn Infusionen notwendig sind, kann darauf zurück gegriffen werden, denn steril verpackte Spritzen und Infusionsnadeln sind nicht überall in Afrika selbstverständlich!

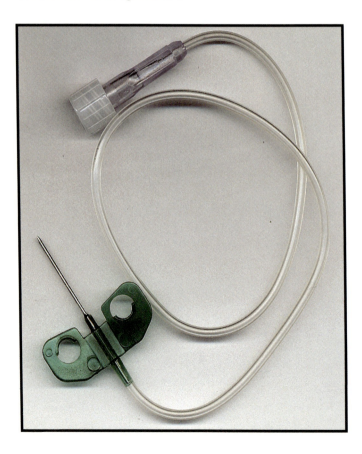

# Druckverband anlegen 85

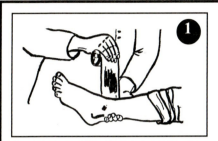

Von der Bißstelle in Richtung Herz wickeln

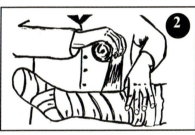

So fest umwickeln wie man einen gestauchten Fuß umwickelt

Schiene anlegen, im Notfall Stock oder Latte

Patienten absolut ruhig transportieren

# Antiserum

Antiserum sollte von Laien nur verabreicht werden, wenn ärztliche Hilfe unerreichbar ist und es sich um eine der hochgiftigen Schlangen handelt.

Es ist keineswegs so - Serum Spritzen und alles ist in Ordnung! Es besteht unter anderem das Risiko einer Serumallergie mit Kollapsgefahr (Eiweißschock)! Falsches oder falsch eingesetztes Schlangenserum verfehlt nicht nur die gewünschte Wirkung, sondern schafft neue lebensbedrohende Situationen. Daher sollte Serum nur vom Arzt eingesetzt werden, der neben Erfahrung auch über die im Notfall benötigten Geräte verfügt. Es gibt monovalente (nur wenn das verursachende Tier genau bekannt ist) und polyvalente Antiseren, wie zum Beispiel gegen das Gift der Mambas, Kobras, Rinkhalskobra, Puffotter und Gabunviper. Für die Boomslang gibt es ein monovalentes Spezialserum, nur erhältlich in Südafrika bei dem *South Africa Institute for Medical Research*. Eine frühe Verabreichung in ausreichender Menge ist notwendig. Die Dosierung des Antiserums ist abhängig von der Lokalisation des Bisses sowie Art und Menge des eingebrachten Giftes. Das Serum muß kühl bei etwa $4^0$ C gelagert werden. Im flüssigen Zustand ist das Serum normalerweise klar (gelblich oder bräunlich). Bei Trübungen in der Ampulle sollte diese nicht mehr gespritzt werden. Das Serum nie in die Bißwunde spritzen, immer auf die dem Biß gegenüberliegende Körperseite. Wichtig ist auch die ausreichende Menge. Eine Ampulle reicht meistens nicht aus. Bei den giftigsten Schlangen werden **je nach Art 4-8 Ampullen** benötigt. Kinder brauchen die gleiche Dosierung wie Erwachsene!

# Stabile Seitenlage

Die stabile Seitenlagerung erfolgt durch Seitwärtsdrehung des auf dem Rücken liegenden Patienten mit angewinkeltem Bein zur Drehung hin.

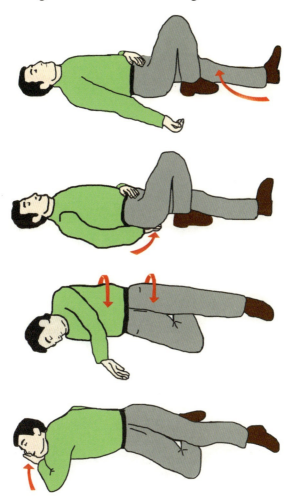

# 88 Atemstillstand

## Herz-Kreislauf-Stillstand
## Atemstillstand

Zeichen des Stillstandes:
Bewußtlosigkeit
Fehlender Puls
Blaßgraue Gesichtsfarbe
Atemstillstand oder nur
vereinzeltes Schnappen
Weite Pupillen

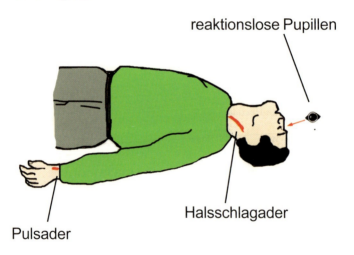

reaktionslose Pupillen

Halsschlagader

Pulsader

Bei Unsicherheit sind sofort Wiederbelebungsmaßnahmen einzuleiten! Wenige Minuten entscheiden über Leben und Tod des Patienten!

# Herzmassage 89

**Technik der äußeren Herzmassage:**

Sie geschieht durch den Druck des rechten Handballens auf das Brustbein (unteres Drittel des Brustbeins), wodurch dieses 4-5 cm gegen die Wirbelsäule gedrückt wird. Die Kompressionen erfolgen mit einer Frequenz von 80/ Minute. Bei zwei Helfern wird bei jeder 5. Kompression einmal beatmet.

**Achtung:**
Die äußere Herzmassage ohne Beatmung ist zwecklos. Sie wird bei künstl. Beatmung nicht unterbrochen.

# 90 Künstliche Beatmung

Nur sinnvoll mit Herzmassage!

**Achtung:**
Patient auf harten Untergrund legen!

Atemwege freimachen.

**Mund zu Mund Beatmung**
Überstreckung des Kopfes, Verschluß der Nase des Patienten, Einblasen der ausgeatmeten Luft des Helfers in den Mund des Patienten. Der Patient atmet passiv aus. Frequenz 10-12 mal pro Minute.

**Mund zu Nase Beatmung**
Verschluß des Mundes durch den Helfer. Einblasen der ausgeatmeten Luft des Helfers in die Nase des Patienten.

# Rasterschießgerät

Auf der Suche nach einem von Laien einsetzbarem Gerät, welches auch gegen das Gift der giftigsten Schlangen eine wirksame Erste Hilfe darstellt, stießen wir auf den Rasterschießapparat „Venom-Ex®". Wir möchten allerdings vorausschicken, dass dieses Gerät nicht unumstritten ist.

Eigenschaften/Wirkungen:
Bei Biss- und Stichverletzungen durch Gifttiere nehmen Gewebe und Blutgefässe der betroffenen Körperregion eine unbekannte Menge Gift auf. Die artspezifische Wirkung des Giftes kann schon nach kurzer Zeit auf verschiedene Arten sicht- und spürbar wahrgenommen werden:

- durch lokalen oder ausstrahlenden Schmerz;
- durch Anschwellen des betroffenen Körperteils
- durch Verfärbung der Wundregion.

Die mit dem Rasterschießapparat an der Verletzungsstelle bis ins Unterhautgewebe angebrachten Längsschnitte (je nach Körperregion zwischen 2 bis 5 mm) im Rastersystem, bewirken einerseits eine Verzögerung der Verteilung des Giftes im Gewebe bzw. dessen Weitertransport im Lymphsystem. Andererseits kann die mit Gift angereicherte Blut- und Gewebeflüssigkeit aus der Wundregion abfließen, was mit dem speziellen Vakuuminstrument und den für verschiedene Anwendungsbereiche konzipierten Saugglocken noch wesentlich verstärkt und beschleunigt wird. Der durch die Schwellung verursachte Druck auf die Nervenbahnen und der damit verbundene starke Schmerz lässt nach.

## Rasterschießgerät

Die **sofortige** Anwendung der Venom Ex® Instrumente bei Gifttier-Unfällen kann somit nicht nur lebensrettend sein, sondern auch den weiteren Krankheitsverlauf beim Verletzten positiv beeinflussen. Das Gerät kann auch während des Patiententransportes eingesetzt werden, so dass keine Zeit verloren wird!

Wissenschaftliche Studien und medizinische Erfahrungen haben die Wirksamkeit dieses Instrumenten-Sets bei der Sofortbehandlung von Gifttierverletzungen - insbesondere auch durch Giftschlangen - bestätigt und nachgewiesen, so der Hersteller.

**Anwendung:**
Bei Bissen und Stichen von Gifttieren wie Schlangen, Spinnen, Skorpionen, Insekten, Fischen etc..
**Bei Bissen der Boomslang wird vom Einsatz dieses Gerätes abgeraten.**

Unbedingt für hundertprozentige Desinfekton von Gerät und Wunde sorgen. Auch nach dem Einsatz muß die Wunde vor Verunreinigung geschützt werden! Infektionsgefahr! **Lesen Sie vor dem Einsatz die Gebrauchsanweisung!**

**Einsatzbereiche:**
Die Anwendung von **VenomEx®** ist angezeigt in allen Fällen:
- **wo keine sofortige medizinische Hilfe vorhanden ist;**
- **wo keine Sera zur Verfügung stehen;**
- **das Tier, welches die Verletzung verursacht hat nicht eindeutig bestimmt werden kann, und die Verabreichung von Serum somit nicht zu verantworten ist.**

# Rasterschießgerät 93

**Risiken:**
Bei korrekter Anwendung von VenomEx® verheilen die mit dem Rasterschießapparat angebrachten Längsschnitte komplikationslos. Kleinste Narben können evtl. sichtbar bleiben. Sehnen und Blutgefässe können nur dann ernstlich verletzt werden, wenn der Rasterschießapparat nicht wie vorgeschrieben in Längsrichtung (Abb. 5 Seite 94), sondern quer (Abb. 6 Seite 94) zum verletzten Körperteil oder über einem Gelenk eingesetzt wird.

**Im Falle einer Gifttier-Verletzung sollte trotz sofortiger Behandlung mit Venom Ex ® unverzüglich der nächste Arzt oder ein Hospital für medizinische Nachbehandlung aufgesucht werden.**

**Vorteile dieses Gerätes:**
- Von Laien einsetzbar
- Leicht und handlich mitzuführen
- Temperaturunabhängig
- Verhinderung oder Reduzierung von Schwellungen, Schmerzen und Nekrosen.
- Kann mit anderen Erste Hilfe Maßnahmen kombiniert werden.

**Das Set besteht aus folgenden Teilen, die in einem Etui unterbracht sind:**
1. Rasterschießapparat,
2. 3 Saugglocken in verschiedenen Grössen,
3. Spezial-Messerkopf,
4. Stauband,
5. Vakuuminstrument (Vakuumpumpe)
6. Desinfektionsmittel.

VenomEx® kann bezogen werden bei
Safari-Discoverer Verlag
Tel.: 02721/1425,
E-mail Safari-Discoverer@t-online.de

# 94 Rasterschießgerät

## Anwendung des Rasterschießgerätes

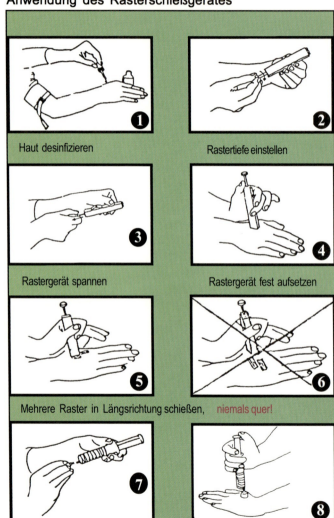

1. Haut desinfizieren
2. Rastertiefe einstellen
3. Rastergerät spannen
4. Rastergerät fest aufsetzen
5. Mehrere Raster in Längsrichtung schießen, niemals quer!
6. 
7. Passende Saugglocke auf die Saugpumpe setzen und absaugen
8.

# Rasterschießgerät 95

**Rasterschießgerät mit Zubehör**

Inhalt des Etuis:
Saugpumpe mit verschiedenen Saugglocken, Abbindegurt, Desinfektionsmittel, Rasterschießgerät

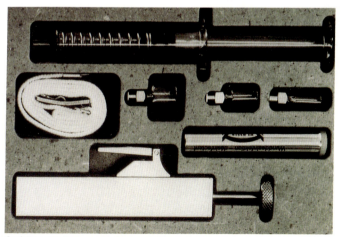

**Achtung:**
Das Gerät immer steril halten!
Vor dem Einsatz desinfizieren!!

# 96 Rasterschießgerät

Saugpumpe zum Rasterschießgerät

So wird die Saugpumpe eingesetzt.

# Rasterschießgerät

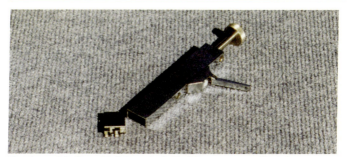

Rasterschießgerät (hier sind die Messer zum Reinigen entnommen)

So wird das Rasterschießgerät eingesetzt.

## 98 Rasterschießgerät

Hand mit Schlangenbiß nach Einsatz
des Rasterschießgerätes

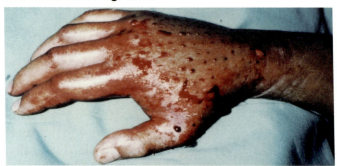

Man sieht deutlich die Rasterschnitte

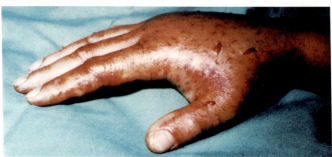

Die Hand ist geschwollen

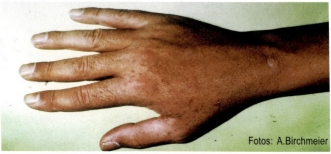

Fotos: A.Birchmeier

Die Hand ist nach einiger Zeit fast narbenfrei verheilt

# Vermeiden von Spinnenbissen

Keine Angst, Spinnen springen Sie nicht an, sondern versuchen immer Ihnen zu entkommen. Sie müssen nur verhindern, dass Sie ungewollt eine Spinne in einen ausweglose Situation bringen.

- **Fassen Sie keine Spinnen an.**
- **Sorgen Sie dafür, dass Ihre Kleidung geschützt untergebracht ist.**
- **Bevor Sie Kleidungsstücke oder Ihre Schuhe anziehen, schütteln Sie sie vorher gründlich aus.**
- **Bevor Sie sich in ein fremdes Bett legen, durchsuchen Sie es. Bisse erfolgen meistens in der Nacht!**
- **Schlafen Sie nachts unter einem Moskitonetz stopfen sie die Enden unter die Matratze.**
- **Laufen Sie auch im Haus niemals barfuß, erst recht nicht bei Dunkelheit.**

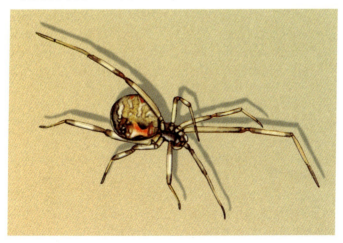

**Latrodectus geometricus**
(Braune Witwe, Brown Widow)

Behandlung wie schwarze Witwe! Der Biss gilt aber als relat. harmlos.

# Spinnenbisse - *Behandlung*

Sehr wenige der 30 000 bekannten Spinnenarten sind potentiell für den Menschen gefährlich. In Südafrika sind es fünf Gattungen nämlich **Latrodectus, Loxosceles, Chira-canthium, Harpactirella** und **Sicarius.**
Grundsätzlich ist es wichtig Tetanus-Prophylaxe zu haben!

Spinnengifte können entweder neurotoxisch oder zytotoxisch wirken.

Zur Gruppe der Spinnen mit **neurotoxischem** Gift gehören die **Rechenfalltürspinne** *Harpactirella* und die *Schwarze Witwe Latrodectus indistinctus*. Die Schwarze Witwe ist sehr gefürchtet. Doch sind die Chancen vom Biß dieser Spinne zu Tode zu kommen, gering. Jedoch führt der Biß zu ernsthaften und schmerzhaften Symptomen. Es können krampfartige Schmerzen auftreten. Dazu kommt das Gefühl der Brusteinengung mit Atemnot. Übelkeit, Erbrechen und Durchfall können hinzukommen. Es ist wichtig, den Patienten zu beruhigen. Ärztliche Hilfe sollte sobald wie möglich gesucht werden. Sofort nach dem Biß Druckverband mit einer festsitzenden elastischen Binde über dem ganzen betroffenen Glied anlegen und schienen, um es unbeweglich zu machen (siehe Immobilitätsmethode). Das Rasterschießgerät **Venom Ex®** kann ebenfalls nach Gebrauchsanweisung eingesetzt werden.

**Achtung: Es kann zu Atemstillstand kommen, dann künstlich beatmen!!**
Vom südafrikanischen Institut für medizinische Forschung in Johannesburg gibt es ein Serum:" *Latrodectus antivenom*" . Es ist sehr wirksam und gibt unmittelbar Entlastungen. In jedem

## Spinnenbisse - *Behandlung*

Fall sollten diese Behandlungen nur von qualifiziertem medizinischem Personal durchgeführt werden.

Die Bisse von **Harpactirella** sind nicht sehr häufig und über die Giftwirkung ist wenig bekannt. Die Behandlung sollte wie bei Bissen der Schwarzen Witwe erfolgen. Das „Latrodectus antivenom" hat in Tierversuchen gute Wirkung gezeigt, ist beim Menschen jedoch noch nicht erprobt.

Zur Gruppe der Spinnen mit **zytotoxischem** Gift gehören die Arten der Gattungen *Chiracanthium*, *Loxosceles* und *Sicarius*. Normalerweise entwickeln sich mehrere Stunden nach dem Biß, der selten bemerkt wird, brennende Schmerzen. Dazu kommen blutunterlaufende Anschwellungen. In den folgenden Tagen fällt das tote Gewebe ab und hinterläßt eine schwärende Wunde, oft mit bis zu 10 cm großem Durchmesser. Diese Wunden können eine lange Zeit brauchen, um zu heilen. Es ist sehr wichtig darauf zu achten, daß die Wunde nicht verunreinigt wird, damit sekundäre bakterielle und Pilz-Infektionen verhindert werden. Ein Arzt verordnet die notwendigen Antibiotika und Schmerzmittel. Es gibt kein Serum gegen zytotoxische Spinnenbisse. Die Bisse von *Chiracanthium* und *Loxosceles* haben nur lokale Auswirkungen.

Der Biß von *Sicarius* ist glücklicherweise äußerst selten, kann allerdings sehr ernste Komplikationen nach sich ziehen, die auch innere Blutungen einschließen.

In jedem Fall muß der Patient nach Bissen der beschriebenen Spinnen unter Beobachtung bleiben. Insbesondere bei Erbrechen und Durchfall viel Flüssigkeit zu sich nehmen.

# 102 Sack Spinne

*Chiracanthium*
**Das Gift wirkt zytotoxisch!**

Abb. etwa 25 % größer als Original

Der Name *Sack-Spinne*, (Körperlänge bis 20mm), rührt von dem sackartigen Spinnengewebe welches diese Spinne erzeugt. Sie lebt gerne in Mauer und Türritzen genauso wie in Vorhangfalten und in Kleidungsstücken. Die Spinne ist schnell und aggressiv. Menschen werden oft im Schlaf oder beim anziehen ihrer Kleidung gebissen. Charakteristische Bißmarken sind zwei Einstiche im Abstand von 6-8 mm. Ein Biß von einer Sackspinne verursacht mittlere bis starke, brennende Schmerzen an der geröteten und angeschwollenen Bißstelle, die nach einigen Tagen anfängt zu schwären, bis hin zur Nekrose.

Weitere mögliche Symptome: Übelkeit, Erbrechen, Kopfschmerzen, Fieber, Wärmegefühl, Müdigkeit, Schwitzen, Schwächegefühl und Druckgefühl in der Brust, selten Schock. Die Symptome dauern meist 24 Std., manchmal aber auch bis zu drei Wochen.

# Violin Spinne

*Loxosceles*

**Das Gift wirkt zytotoxisch!**

Originalgröße

Der Körper dieser dunkelbraunen Spinne mit seinen schwarzen, bumerangförmigen Markierungen auf dem Hinterteil ist etwa 8-10 mm lang. Meist hält sich die Spinne in dunklen Ecken oder unter dem Teppich der Wohnungen auf. Nachts geht sie dann auf Beutesuche. Dabei kann sie sich auch in der Kleidung verirren und dann in Kontakt mit Menschen kommen. Der Biß ist nicht oder kaum schmerzhaft und es dauert eine Zeitlang, bis überhaupt Bißsymptome sichtbar sind. Dann fängt die Bißstelle an zu schwellen und es entstehen brennende Schmerzen. Weitere mögl. Symptome: Fieber, Schüttelfrost, Glieder- u. Muskelschmerzen, gelegentl. Schock. Das betroffene Gewebe fällt nach ein paar Tagen ab und es bleibt eine schwärende Wunde mit einem Durchmesser von bis zu 10 cm. Die Heilung kann mehrere Wochen in Anspruch nehmen.

# 104 Schwarze Witwe

*Latrodectus indistinctus*
**Das Gift wirkt neurotoxisch!**

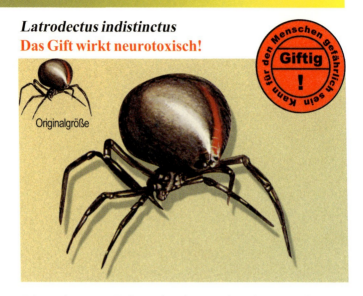

Originalgröße

**Giftig!**
Kann für den Menschen gefährlich sein

Die schwarze Witwe ist auch unter dem Begriff Knopfspinne (engl. Button Spiders, Black widow) bekannt und berühmt berüchtigt. Sie ist weit verbreitet und hält sich auch gerne in Felsen und hohem Gras auf. Sowohl Form und Farbe können variieren. Ihr Gift wirkt neurotoxisch und greift die Nervenenden an. Der Biß selbst ist zunächst nicht schmerzhaft. Schmerzen und weitere ernsthafte Symptome kommen später, manchmal erst nach Stunden. Weitere Symptome: Allgemeine Körperschmerzen bis hin zu unerträglichen Muskelschmerzen und -krämpfen, Übelkeit, Erbrechen, Schwellung der Zunge, Durchfall, Urinverhaltung, Schwitzen, Verwirrtheit, Schlaflosigkeit, Schock und Ohnmacht. Ein Gegengift wird vom *S.A Institute for Medical Research* in Johannesburg hergestellt.

# Krabbenspinne

***Genus Sicarius***
**Das Gift wirkt zytotoxisch!**

**Giftig !**
Kann für den Menschen gefährlich sein

Abb. etwa 25 % größer als Original.

Die Spinne ist rötlich braun bis gelb mit lederähnlichem Aussehen. Der Körper ist etwa 15mm lang. Auffällig sind die sechs kleinen Augen und die am Körper verkeilten Sandpartikel. Ihr Lebensraum sind die trockenen und halbtrockenen Gebiete Südafrikas und Namibias. Dabei spinnt sie kein Netz, sondern verbringt die die meiste Zeit unbeweglich vergraben im Sand, wo sie auf Beute wartet. Ihr Gift ist sehr gefährlich. Glücklicherweise sind sie nicht aggressiv und beißen nur unter Zwang. Außerdem grenzen ihre Lebensräume und ihr Verhalten die Aussicht auf menschlichen Kontakt unter normalen Umständen stark ein. Das Gift verursacht massive Gewebezerstörung am Bißstandort mit ernstem inneren Blutungen. Die Lunge, Leber und Herz des Opfers sind innerhalb von Stunden nach einem Bißbetroffen. Es kann zu Gliedverlusten kommen. Zur Zeit ist noch kein Antiserum verfügbar.

## 106 Falltürspinne

*Harpactirella*
**Das Gift wirkt neurotoxisch!**

Eigentlich heißt die Spinne zu deutsch: *Rechenfalltürspinne*. Sie legt „Gespinströhren" unter Steinen und Büschen mit bis zu 18 cm Länge an, die mit einer „Falltüre" verschlossen sind. Tritt ein mögliches Beutetier darauf, fällt es durch die Falltüre in das Loch und damit der Spinne zum Opfer. Zum Drohen und in Verteidigung stellt sich die Spinne auf ihre Hinterbeine. Die Körperlänge ohne Beine beträgt bis zu 30 mm und von Bein zu Bein bis zu 12 cm. damit gehört sie zu den großen Spinnen. Ihre Fangzähne sind relativ lang, doch das Gift, obwohl nicht sehr erforscht soll relativ stark sein. Der Biß verursacht lokal brennende Schmerzen aber keine Schwellung oder Verfärbung der Bißstelle. Wiederholtes Erbrechen, Blässe, Schock bis hin zum Kollaps.

# Allgemeines über Skorpione

Auf dem afrikanischen Kontinent gibt es eine ganze Reihe von Skorpionarten, deren Stiche gottseidank meistens so harmlos wie ein Wespenstich sind. Allergische Reaktionen können aber auch sie hervorrufen. Einige Arten können größere Probleme verursachen, mitunter kann deren Gift sogar tödlich sein. Eines haben Skorpionstiche gemeinsam: Sie sind schmerzhaft. Je nach Art ist der Schmerz unterschiedlich stark und unterschiedlich in der Dauer.

Gefährlich sind im **südlichen Afrika** zwei Arten: **Buthotus judaicus** und **Parabuthus transvaalicus** (etwa 12 bis 18 cm Gesamtlänge). Aber auch bei diesen gefährlichen Arten sind tödliche Unfälle sehr selten und davon betroffen meist Kinder oder ältere, schwächere Menschen. Weniger gefährlich und schmerzhaft **Hadogenes bicolor** (etwa 14 bis 18 cm Gesamtlänge).

Bei einem unbekannten Skorpion ist die Gattungsbestimmung nur durch den Fachmann möglich (auch für ihn nicht einfach) und keinesfalls durch Vergleich mit Abbildungen oder Beschreibungen. Weder die Größe noch die Farbe sind ein Indiz für die Gefährlichkeit eines Skorpions. So gibt es Skorpione von 20 mm bis zu ca. 300mm Länge. Als grobe Unterscheidungsmöglichkeit von ungefährlichen zu möglicherweise gefährlichen Skorpionen kann das „Schwanz-Scheren-verhältnis" herangezogen werden. Sind die beiden Greifzangen (Scheren) des Skorpions breiter und kräftiger als der mit dem Giftstachel versehene Schwanz, so kann man davon ausgehen, daß die Art am Menschen keine bedeutsamen Symptome hervorrufen kann. Ist der Schwanz jedoch genauso kräftig wie die Scheren, oder die Scheren sogar schmaler als jener, so handelt es sich möglicherweise um ein giftiges Exemplar. Jeder Skorpionstich einer unbekannten Art sollte 3-6 Std. ärztlich überwacht werden. Skorpione sind lichtscheu und sind daher vornehmlich in der Nacht aktiv. Bei Tage suchen sie Schutz unter Steinen, Rinden oder eigens von ihnen angelegten Erdbauten. In der Nacht begeben sie sich dann auf Beutesuche. Die Tiere sind eigentlich überhaupt nicht aggressiv und äußerst scheu. Menschen werden in der Regel nur gestochen, wenn sie versehentlich auf ein Exemplar treten, oder wenn es sich in die Enge gedrängt

*Pandinus imperator*

Pandius imperator gehört mit seiner Größe von bis zu 18 cm zu den größten Skorpionen . Doch er ist relativ ungefährlich, denn sein Gift wirkt allemal wie 2-3 Wespenstiche.

# Allgemeines über Skorpione

fühlt, beispielsweise wenn sich ein Skorpion in Kleidung oder Schuhwerk verkrochen hat und diese vom Menschen angezogen werden.

*Hadogenes Bicolor*

Auch dieser Skorpion gehört zu den ungefährlichen Arten, obwohl er sehr groß ist. Hier kann man deutlich sehen, dass die Scheren dicker und größer als sein Schwanz sind. Die Stiche schmerzen wie bei einem Wespenstich.

# 110 Allgemeines über Skorpione

***Parabuthus transvaalicus***

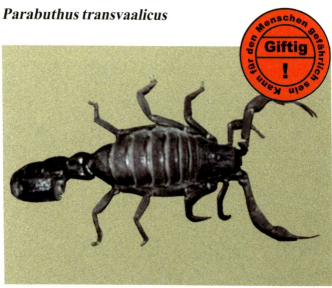

**Giftig !** Kann für den Menschen gefährlich sein

Dieser Skorpion kann bei Erregung auch sein Gift bis zu einem Meter weit spritzen. Dabei hebt er den Stachel über den Körper und spritzt nach vorn, seinem Angreifer entgegen. Bei einem aufrecht stehendem Menschen trifft er nur die Beine. Neben dem *Buthotus judaicus* ist er der gefährlichste Skorpion des südlichen Afrika. Tödliche Unfälle mit ihnen sind aber sehr selten. Die Körperlänge entspricht ungefähr der des *Pandinus Imperator* als etwa 12 bis 18 cm. Deutlich sieht man bei diesem Skorpion daß seine Scheren dünn sind und sein Schwanz mit der Giftblase besonders dick ist.

Gifttropfen am Stachel des Parabuthus transvaalicus.

# Skorpionstich

## Wie schütze ich mich vor einem Skorpionstich?

- Rucksack und Taschen nie offen im Zelt oder Camp stehen lassen.

- Schuhe und Kleidungsstücke nicht auf den Boden legen. Kräftig ausklopfen, bevor man sie anzieht.

- Nicht im Freien auf dem Boden schlafen.

- Das Bett sollte möglichst nicht an der Wand stehen, um es Kleingetier zu erschweren, hineinzuklettern.

- Bevor man ins Bett geht, die Bettdecke ganz entfernen und nachschauen, das gleiche gilt für das Kopfkissen.

- Niemals barfuß gehen, auch im Haus nicht.

- Besonders in kühlen Nächten suchen Schlangen und Skorpione nach Wärmequellen.

- Nachts im Camp oder auf einem Farmgelände nur mit Taschenlampe bewegen.

- Nie unter einen Stein fassen, wenn man nicht genau sehen kann, was darunter liegt.

- Beim Klettern Lederhandschuhe tragen, da ein Skorpion-stachel in der Regel normaldickes Handschuhleder nicht durchdringen kann.

# 112 Skorpionstich

## Was ist nach einem Stich zu tun?

Stärkste Schmerzen, die einer klinischen Überwachung bedürfen, und/oder Allgemeinsymptome des Herz-Kreislauf-Systems, bis zum Herzversagen, oder Erregung des Zentralen Nervensystems bis zum Krampfanfall und Delirium, können nach Stichen weniger Gattungen auftreten. Die Wirksamkeit von Antiseren ist bei vielen Gattungen zweifelhaft und bei moderner Intensivtherapie **auch meist überflüssig.**

- Zunächst Ruhe bewahren.
- Kann man das Tier risikolos töten, sollte man das tun, aber nicht so zerdrücken, dass selbst ein Fachmann nichts mehr erkennen kann.
- Ringe, Armbänder etc. abnehmen, da es zu Schwellungen kommen kann.
- Die Stichstelle desinfizieren.
- Nicht abbinden!!
- Treten starke Schmerzen auf, oder ist mit einem gefährlichen Stich zu rechnen, sollte das betroffene Glied auf einer Schiene ruhig gestellt werden (siehe Immobilisationsmethode).
- Ein Arzt sollte für Tetanusschutz sorgen, falls ein solcher Impfschutz nicht vorhanden ist.
- Treten in den ersten dreißig Minuten nach dem Stich stärkere Schmerzen auf, sollte der Patient mindestens 4-6 Stunden ärztlich beobachtet werden. Es kann zu Kollaps und Atemstillstand kommen, man muß ihn dann künstlich beatmen.
- Ganz wichtig ist die Beobachtung auf allergische Reaktionen wie Schock.
- An Schmerzmitteln kann man verabreichen: Paracetamol (andere Mittel nur vom Arzt zu verabreichen). Kreislaufstärkendes Mittel geben (Tee trinken).

# Insektenstiche

Körperwärme, Schweiß, Atem, der Mangel an Zink und schwarze Kleidung ziehen Stechmücken magisch an. Manche Menschen werden besonders häufig von Stechmücken gestochen, andere hingegen nur selten.

Warum ist das so? Laut neuesten wissenschaftlichen Untersuchungen haben blutsaugende Mücken eine Wahrnehmung für den Nah- und Fernbereich um damit bestimmte Duftstoffe (vor allem Komponenten des Schweißes) zu orten. Lassen die Informationen auf eine lohnende Nahrungsquelle schließen, nähert sich die Mücke und überprüft das Objekt aus der Nähe. Identifiziert die Mücke im Nahbereich weitere für sie attraktive Faktoren wie Wärme oder bestimmte Hautfette, oder auch Kohlendioxyd, wird sie stechen. Der Kohlendioxydgehalt in der Atemluft an sich ist schon sehr hoch, unter Streß und körperlicher Belastung erhöht er sich. Auch Kosmetika, die auf der Basis natürlicher Hautfette hergestellt sind, können die Mücken verführen. Wird jemand besonders häufig von Mücken gestochen, kann das auch an Zinkmangel liegen.

Hauptflugzeit der Mücken im südlichen Afrika ist September bis April. Meistens stechen nur die Weibchen, denn sie benötigen menschliches oder tierisches Eiweiss für die Entwicklung ihrer Eier. Mit ihrem Stechrüssel durchbohren sie die Haut und sondern Speichel ab. Dieser Speichel ent-

# 114 Insektenstiche

hält unter andern gerinnungshemmende Substanzen, die Juckreiz und Schwellungen verursachen. Je nachdem wie das Eiweiß des Mückenspeichels vertragen wird, fällt die Reaktion des Körpers auf einen Mückenstich aus. Wer von einer Mücke gestochen wurde, sollte sich möglichst nicht kratzen, dann hört der Juckreiz bald auf. Das gefährliche an einem Insektenstich ist jedoch nicht der Juckreiz, sondern die Krankheitserreger, die mit dem Speichel übertragen werden können. Vordringlich ist der Schutz vor Insektenstichen durch entsprechende Maßnahmen und richtiges Verhalten:

- Vermeiden des Aufenthalts im Freien während der Abend- und Morgendämmerung und der Nacht.
- Schlafen in klimatisierten Räumen oder unter korrekt angewendeten Moskitonetzen,
- Tragen langärmeliger, langbeiniger, heller und luftiger Kleidung sowie
- Anwenden Insekten abwehrender „Repellents".

Stechende Insekten übertragen in den Tropen überwiegend **Malaria**, Gelbfieber und andere fiebrige Erkrankungen. Südlich des „Sahel' gibt es u.a. noch Probleme mit der Tse-Tse-Fliege, Überträger der Schlafkrankheit. Diese Insekten haben jedoch engbegrenzte Biotope, in die europäische Touristen während kürzerer Reisen kaum gelangen.

| **Mücken:** | **Mögl. Krankheiten** | |
|---|---|---|
| *Anopheles* | Malaria | (Nachtaktiv) |
| *Aedes* | Gelbfieber | (Tagaktiv) |
| *Kriebelmücken* | Flußblindheit | (Tagaktiv) |
| **Fliegen:** | | |
| *Tse-Tse Fliege* | Schlafkrankheit | (Tagaktiv) |
| *Dasselfliege* | Hautbeulen | (Tagaktiv) |

# Insektenstiche

**Ameisen:**
Ameisen übertragen keine Krankheiten. Bisse und Verätzungen können jedoch sehr schmerzhaft sein, sind aber harmlos.

**Zecken:**
Zecken sind weltweit Überträger durch von Viren und Bakterien verursachten Krankheiten wie FSME und Borreliose. Sie lauern in der Vegetation und bohren sich mit ihren Mundwerkzeugen in die Haut. Sie sollten mit einer Pinzette vorsichtig und vollständig herausgezogen werden. Die Zecke nicht drehen, keine Öle verwenden.
Sprechen Sie vor Beginn Ihrer Reise mit Ihrem Arzt, ob eine Impfung gegen FSME sinnvoll ist.

**Behandlung und Allergien nach Insektenstichen**
Insektenstiche sind normalerweise harmlos, nicht tödlich, können aber sehr starke lokale schmerzhafte Schwellungen verursachen. Man entfernt den Stachel, sofern er noch in der Haut steckt und kühlt die Stichwunde z.Bsp. mit Eiswürfeln, aufgelegte Zitronenscheiben, oder Umschlägen getränkt mit essigsaurer Tonerde oder Essigwasser. Gegen den Juckreiz helfen anti-allergisch wirkende Gele. In besonderen Fällen wird eine Allergie hervorgerufen. Gefährlich wird es, wenn es zu Anschwellungen der Stimmbänder und der Kehle kommt (akute Atemnot). **Hier ist sofort ärztliche Hilfe vonnöten.**

**Malaria:**
Die akute Infektionskrankheit tritt weltweit in den Subtropen und Tropen auf, aber auch in anderen warmen Regionen. Der Erreger ist ein Parasit (Plasmodium) der durch den Stich der Anopheles-Mücke übertragen wird. Die beste Prophylaxe ist der Schutz vor Insektenstichen, durch entsprechende Kleidung, Repellents und Moskitonetzen. In der Regenzeit ist das Übertragungsrisiko besonders

# 116 Insektenstiche

hoch. Die Zeit vom Mückenstich bis zum Auftreten einer Malaria beträgt ungefähr 9 bis 16 Tage. In Einzelfällen auch erst nach Monaten und Jahren!). Beim Menschen tritt die Krankheit in vier verschiedenen Formen auf. Jede von diesen Formen wird durch eine andere Parasitenart verursacht. Sie haben jedoch die gleichen Symptome, nämlich **Schüttelfrost, Fieber und Schweißausbrüche.** *Malaria tropica (die schwerste Verlaufsform),* auch Tropenfieber genannt, wird durch *P. falciparum* verursacht und verläuft in vielen Fällen tödlich. **Symptome:** (wiederkehrendes) Fieber 39/40 °C, Schüttelfrost, Kopf- und Gliederschmerzen, Durchfall, Rücken- und Bauchschmerzen, Benommenheit u.a.. Die Organismen, die diese Form der Erkrankung auslösen, blockieren häufig die Blutgefäße des Gehirns, was zu Koma, Delirium und schließlich zum Tod führt.

Wichtig für die erfolgreiche Behandlung der Malaria ist die rasche Sicherung der Diagnose und sofortige Einleitung der Therapie. Bei jeder fieberhaften Erkrankung, die in den Tropen oder nach Rückkehr aus den Tropen auftritt, muß immer eine Malaria durch direkte Blutuntersuchungen ausgeschlossen werden!

Trotz medikamentöser Prophylaxe kann man an Malaria erkranken, wenn der Erregerstamm resistent gegen das eingenommene Präparat ist. Trotzdem sind die Verläufe einer Malaria unter medikamentöser Prophylaxe sehr viel günstiger als ohne. Tödliche Verläufe sind häufig eine Folge fehlender Prophylaxe und/oder einer zu spät eingeleiteten Therapie! Fragen sie rechtzeitig vor Beginn Ihrer Reise Ihren Arzt oder ein Tropeninstitut, welches die richtige Prophylaxe für das von Ihnen gewählte Land ist.

# Tropische Krankheiten

**Bilharziose**
Die Bilharziose wird durch Parasiten, den Bilharzien, verursacht und befällt den Darm und den Nieren- und Blasenbreich. Die Parasiten (Bilharzien) leben vorzugsweise in stehenden und langsam fließenden Gewässern mit starkem Pflanzenbewuchs an den Ufern. Sie wandern unter die Haut und erreichen nach einiger Zeit die genannten Körperteile. Das Leiden ist zwar nicht tödlich doch sehr bösartig. Erste Symptome sind Juckreiz und Blut im Urin. Die Behandlung mit Biltricide (Przqauntel) ist sehr erfolgreich. Am besten ist es, der Gefahr aus dem Wege zu gehen und sich nicht in stehenden und langsam fließenden Gewässern zu waschen oder zu baden. Besonders riskant sind Gewässer in der Nähe von Ortschaften!

**Tollwut**
Die Tollwut ist, wenn sie erst einmal ausgebrochen ist, eine absolut tödlich verlaufende Virusinfektion! Zur Vorbeugung kann man sich vor der Anreise impfen lassen. Um jedes Risiko auszuschließen vermeidet man den Kontakt zu freilaufenden Tieren! Man streichelt sie nicht, man beachtet sie nicht, auch wenn sie noch so lieb aussehen!!! Bisse von Hunden oder Katzen, auch von solchen, die echte Haustiere sind, können die tödliche Tollwut übertragen: Schon der Kontakt mit Speichel kann reichen.

**Wichtig:**
Auch andere Tiere können mit dem Virus infiziert sein. Bei Kontakt mit verdächtigen Tieren, insbesondere bei Verletzungen durch Tiere r sollte man sofort **kompetente** ärztliche Hilfe in Anspruch nehmen.

# 118 Probleme mit Sonne und Hitze

Die Wärmeregulierung des Körpers muss sich in Ländern mit anderen Klimazonen langsam anpassen. Sie hängt ab von Tagesrhythmus, Ortszeit, Umgebungstemperatur, Luftfeuchtigkeit, Luftbewegung, Kleidung, Aufenthaltsdauer und vielen körpereigenen Faktoren wie Schilddrüsenfunktion, Schweißproduktion, fieberhaften Infekten, Ernährungszustand, Bewegung und Muskelanspannung, Training und auch psychischer Belastung.

Durch vernünftige Kleidung, Kopfbedeckung und Vermeidung von zu langen Aufenthalten in der prallen Sonne, können Probleme weitgehend vermieden werden. Wichtig ist es, die Bestrahlung durch die Sonne nicht zu übertreiben, sich stärker der „milderen" Nachmittagssonne auszusetzen (als der prallen Mittagssonne) und Lichtschutzmittel zu verwenden, die allerdings nach dem Baden erneut aufgetragen werden müssen.

Eine Erhöhung der Körpertemperatur führt anfangs zu harmlosen Hitzeschwellungen (z.B an den Händen und Füßen), schmerzhaften Muskelkrämpfen, Brechreiz, Kopfschmerzen und allgemeiner Abgeschlagenheit. Neben dem Aufsuchen von kühlendem Schatten, Öffnen der Kleidung, Entkleidung und Hinlegen ist in diesen Fällen reichliche Zufuhr kochsalzhaltiger Getränke erforderlich.

# Probleme mit Sonne und Hitze

## Sonnenbrand

Um sich vor Sonnenbrand zu schützen sollte immer ein Hut oder eine Mütze getragen werden. Insbesondere da, wo immer etwas Wind geht, bemerkt man oft nicht die gnadenlos brennende Sonne. Wenn man sich den ganzen Tag im Freien aufhält, sollte man langärmelige Hemden tragen. Spätestens, wenn die Haut brennt und spannt, hat es Sie erwischt. Dann heißt es nur noch: Raus aus der Sonne in den Schatten! Ist Ihre Haut mehr als nur ein bißchen rot, tragen Sie eine Salbe gegen Verbrennungen und Entzündungen auf. Bei größeren Verbrennungen wirft die Haut Blasen und man bekommt Fieber. **In schweren Fällen unbedingt Arzt hinzuziehen.**

## Hitzeerschöpfung

*Symptome:*
Bleiche Gesichtsfarbe, Übelkeit, Kreislaufversagen, Ohnmacht

**Behandlung:**
Flach in den Schaten legen, enge Bekleidung öffnen und den Körper zudecken. Bei Ohnmacht in Seitenlage bringen. Der Kopf muß so gelegt werden, daß die Zunge nicht nach hinten rutscht und die Luftzutuhr absperrt. Wenn der Betroffene nicht ohnmächtig ist, trinken lassen, dem Trinkwasser sollte etwas Salz zugesetzt werden (evtl. Meerwasser nehmen). Frische Luft zufächeln.

## Hitzeschlag

*Symptome:*
Hochrote, trockene Haut, keine Schweißbildung mehr, stark erhöhte Körpertemperatur. Zuviel Sonne ist nur einer von vielen möglichen Auslösern.

## Probleme mit Sonne und Hitze

Ein Wärmestau entsteht, wenn der Körper es nach oder während einer Belastung nicht schafft, die Temperatur durch Verdunstung zu regulieren. Die Folgen sind Kopf- und Leibschmerzen, rote und extrem trockene Haut, sowie beschleunigter Puls und Atmung, Außerdem kann es zu Fieber über 41 Grad führen und Kreislaufstörungen und Bewußtlosigkeit auslösen.

**Behandlung:**
Mit erhöhtem Kopf im Schatten lagern. Sorgen Sie für maximale Kühlung. Kaltes Wasser, Schatten, alles was geht. Legen Sie feuchte Tücher auf, am besten mit Eiswürfeln gefüllt. Bei Bewußtlosigkeit Patient in Seitenlage bringen, bei Atemstillstand sofort Atemspende!

Bei Verdacht auf schwere Störungen wie ‚Hitzekollaps" oder „Hitzeschlag" (mit deutlich erhöhter Kerntemperatur) muss unbedingt ein Arzt gerufen werden. Auch ein Sonnenstich" (Überhitzung des Gehirns infolge direkter Sonneneinstrahlung auf den unbedeckten Kopf) ist gefährlich und erfordert immer ärztliche Hilfe.

## Wasser ist lebensnotwendig

Trinkwasser ist unabdingbar notwendig zum Überleben des Menschen! Auch bei mäßiger körperlicher Beanspruchung kann ein gesunder Mensch mehrere Wochen ohne Nahrung überleben, ohne Wasser überlebt man im Regelfalle nicht viel länger als ein Woche! Durst ist ein Anzeichen für unzureichende Wasserversorgung, denn er meldet sich schon, wenn dem Körper etwa 1 bis 2% der Gesamtwassermenge (ca. 0,5 bis 1 ltr.), fehlen. Bei einer Unterversorgung von etwa 2 Litern (4%) macht sich eine allgemeine Schwäche bemerkbar. Fehlen dem Körper 16-25 % der Wassermenge (12-15 ltr) tritt der Tod ein. In Ländern mit gemäßigtem Klima kommt es meist zum Kreislaufkollaps, in tropischen und heißen Zonen ist ein schlagartiges Ansteigen der Körpertemperatur sowie eine Harnvergiftung des Blutes (Urämie) die Todesursache.

Der Organismus des Menschen scheidet bereits im Liegen ungefähr 2,5 Liter Wasser innerhalb von 24 Stunden aus, bei extremer Hitze steigt der Verlust auf bis zu 12 Liter. So kann man ermessen, wie stark die Trinkwasserzufuhr ansteigen muß, wenn dem Menschen starke körperliche Leistungen bei hohen Temperaturen abverlangt werden.

In Gebieten mit starker Sonneneinstrahlung und hoher Luftfeuchtigkeit, also in tropischen Gebieten oder im Wüstengürtel ist der Wasserbedarf des Menschen bis zu sechsmal größer ist als unter normalen Bedingungen. Durch die reichliche Schweißausscheidung

## Wasser ist lebensnotwendig

und den eintretenden Durst kann allerdings die Aufnahmefähigkeit des Magen-Darmtraktes überfordert werden. Das kann zu Magenüberfüllung, zu Magenkrämpfen und zu Erbrechen führen, wenn Schweißabsonderung und Flüssigkeitsaufnahme bei 3 Liter pro Stunde liegen. Hier ist nur durch Zurückhaltung beim Trinken und gleichzeitig durch Vermeidung von extremer Schweißabsonderung abzuhelfen.

Der Durst hört auf, wenn ungefähr 50% der entzogenen Flüssigkeit ersetzt sind. **Man sollte also, immer über den Durst hinaus trinken.**

Mit den Schweißabsonderungen verliert der Mensch wichtige Spurenelemente an Natriumchlorid. Es ist daher zu empfehlen, bei starkem Schweißverlust (z. B. in tropischen oder Wüstengegenden oder nach schweren körperlichen Anstrengungen bei warmer Witterung) täglich etwa 40 gr Salz der Trinkwassermenge beizufügen.

Wasserverlust reduziert mann durch dem jeweiligen Klima angepaßte Kleidung und Kopfbedeckung (20%) durch Aufenthalt im Schatten um weitere 15%. Am besten man ruht während der heißesten Stunden des Tages.

Flüssigkeit kann gespeichert werden: **Es ist somit ratsam, vor Beginn einer schweren körperlichen Arbeit oder Anstrengung eine große Menge Wasser zu sich zu nehmen.**

Neueren Erkenntnissen zufolge ist es völlig belanglos, ob man den Wasservorrat von beispielsweise einem Liter auf einmal trinkt oder in zehn winzige Schlückchen aufteilt. Im Gegenteil wird sogar empfohlen, immer dann zu trinken, wenn man Durst verspürt, bis der Vor-

## Wasser ist lebensnotwendig

rat aufgebraucht ist.
Benötigt der Köper Wasser, das ihm nicht als Trinkwasser zugeführt wird, greift er seine Reserven an und entnimmt das benötigte Wasser zunächst dem Blut, das dadurch eindickt.
Es hilft also, sich bei jeder sich bietenden Gelegenheit bis zur absoluten Grenze vollzutrinken.

# Literaturverzeichnis

**Titel:**

| | |
|---|---|
| A Field Guide to the Snakes of Southern Africa | Simons Fitz |
| Spiders | Newlands/De Meillon |
| Field Guides to Snakes | Branch Bill |
| Reptilien Südafrikas | Patterson R./Bannister A. |
| Venom Ex | Birchmeier A. |
| Giftschlangen Bd. 2 | Trutnau L. |
| Schlangen | Marven/Harvey |
| Schlangen in Namibia | Buys/Buys |
| Vogelspinnen und Skorpione | Rankin/Wallis |
| Giftschlangenbisse und ihre Behandlung | Frommholt D./Kramer A./Seipelt H. |
| Lexikon Medizin | Urban-Schwarzenberg |
| Erste Hilfe | Deutsches Rotes Kreuz |
| Wo es keinen Arzt gibt | Werner D. |
| First Aid for Snakebite | Sutherland S.K. |
| Überleben in Natur und Umwelt | Volz H. |
| Giftige Tiere und tierische Gifte | Werner G. |
| Erfahrungen im Umgang mit Giftschlangenbissen | Jucker R. |
| Merkblätter | Bernhard Nocht Institut Hamburg |
| Guidelines for the Treatment of Snake Bite | South African Institute for Medical Research |
| Der Speiakt von Naja nigricollis | Freyvogel/Honegger |
| Handbook of clin. Toxicology of Animal Venoms and Poisons | Meier J./White J. |
| Notfall-Handbuch Gifttiere | Junghans Th./Bodio M. |
| Vergiftung durch Skorpionstiche | Kleber J./Wagner P./Felgenhauer N. |
| Handbuch f. Biologen, Toxikologen, Ärzte, Apotheker | Mebes D. |

# Anschriften

**Gifttierinformationsdienst München. Notruf Nr.**
Deutschland 0049 (0)89 192 40 aus Südafrika
00949(0)89 192 40

**Behringwerke AG** (Serum)
Postfach 167
35500 Marburg an der Lahn

**The South African Institute
for Medical Research** (Serum)
Hospitalstraat P.O.Box 1038
Johannesburg/Südafrika

**Snake Laboratory** (Serum)
Fitz Simmons
Durban/Südafrika

**Swadini Reptile Park**
Hoedspruit 1380/Südafrika
Tel./Fax +27 15795 5203
Cell: 082 299 3981

## Reise-Gesundheitsberatung

### Scout 24
Service-Hotline: 01805-105678
Gesundheitsscout 24 GmbH
Carsten Baye
E-Mail:cba@gscout.de
Reisemedizinisches Zentrum Hamburg
E-Mail: rmz@gesundes-reisen.de

# Danksagungen

Ich bedanke mich
bei der Schlangenfarm Oppermann ( Windhoek-
Namibia), für Hilfe und Informationen,
bei Mr. Donald Strydom, vom Swadini Reptile Park
(Hoedspruit, Südafrika), für Fotomöglichkeiten,
Demonstrationen und Informationen,
bei Herrn A. Birchmeier, Universität Zürich,
für die verschiedenen Ratschläge und Gespräche,
bei Herrn Klaas, vom Insektarium im Kölner Zoo,
für Fotomöglichkeiten und Informationen,
und bei meiner Tochter Katharina
für die Hilfe bei der Erstellung des Manuskripts.

Gottfried Heer